인적닷컴 취업 인적성 필승법 50

인적닷컴 취업 인적성 필승법 50

발행일   2017년 8월 30일

지은이   인적닷컴 연구진
펴낸이   손 형 국
펴낸곳   (주)북랩
편집인   선일영   편집   이종무, 권혁신, 이소현, 송재병, 최예은
디자인   이현수, 이정아, 김민하, 한수희   제작   박기성, 황동현, 구성우
마케팅   김회란, 박진관, 김한결
출판등록   2004. 12. 1(제2012-000051호)
주소   서울시 금천구 가산디지털 1로 168, 우림라이온스밸리 B동 B113, 114호
홈페이지   www.book.co.kr
전화번호   (02)2026-5777   팩스   (02)2026-5747

ISBN   979-11-5987-776-6 13320(종이책)   979-11-5987-777-3 15320(전자책)

이 도서의 국립중앙도서관 출판예정도서목록(CIP)은 서지정보유통지원시스템 홈페이지(http://seoji.
nl.go.kr)와 국가자료공동목록시스템(http://www.nl.go.kr/kolisnet)에서 이용하실 수 있습니다.
(CIP제어번호 : CIP2017022510)

인적닷컴

취업 인적성 필승법

50

인적닷컴 연구진

온라인 수강생
만족도
99.5%

북랩 **book** Lab

인적닷컴 인적성강의

injeok.com

인적성 최신 정보 제공 / 온라인 강의

인적닷컴은 '취업 인적성 학습의 패러다임을 바꾸자' 라는 프로젝트에서 시작되었습니다. 서울대, 고려대 출신 전공자들로 구성된 연구진은 오랜 기간 동안 대기업과 공기업의 인적성 문제를 분석하여 유형화하였으며, 이 유형에 따라 시간을 줄일 수 있는 특별한 풀이 방법을 연구하였습니다. 그리고 저희는 이를 **필승법**이라고 이름 붙였습니다. 이 필승법으로 학습한 많은 취업 준비생들이 큰 폭의 점수 향상을 경험하였고, 대부분이 인적성검사에 합격하였습니다.

기존의 인적성 교육은 단순히 문제풀이에 급급한 나머지 빠른 시간에 문제를 풀어야 하는 학생들에 대한 고민이 부족했던 게 사실입니다. 인적닷컴의 인적성 필승법은 최대한 짧은 시간에 최대의 효과를 낼 수 있는 방법을 알려드립니다. 특히 핵심 위주의 유형 문제 풀이와 시간을 절반 이하로 줄일 수 있는 인적닷컴만의 비법은 여러분을 인적성 강자로 만들어 드릴 것입니다.

이 책은 인적닷컴 *injeok.com* 온라인 강의의 교재로, 인적닷컴에서 정리한 20유형의 연습문제, 그리고 인적성 필승법 50가지로 구성되어 있습니다. 이 교재와 함께 총 20강으로 이루어진 강의를 학습하신다면 단번에 대기업과 공기업의 모든 인적성 시험에서 확실한 성적 향상을 기대할 수 있습니다.

저희가 분류한 20유형은 주목할 만한 기업들의 직무적성검사 기출문제 대부분을 포함하고 있습니다. 기초수리 2유형, 응용수리 4유형, 수추리 3유형, 언어추리 3유형, 공간지각 3유형, 자료해석 2유형, 순발력과 창의력 그리고 인성으로 구성되는 이 분류는 20대 대기업 및 공기업 직무적성검사와 인성검사 그리고 직업기초능력평가의 패턴을 분석하여 완성한 것입니다. 이 때문에 어떤 기업의 인적성검사 혹은 직업기초능력평가에 응시하고자 하더라도 효율적인 학습이 가능합니다.

공부하는 중에 어려움에 부딪히거나 궁금한 점이 생기면 네이버 인적닷컴 카페의 질의응답 코너를 이용해 주십시오. 성실히 응대해 드리겠습니다.

인적닷컴은 오늘도 여러분의 놀라운 인적성 점수 향상을 응원합니다.

인적닷컴 구성원 일동

목차

이 한권으로 여러 기업을 준비할 수 있는 이유

　인적성 연구를 하면서 느낀 점은 기업별로 평가하고자 하는 것이 크게 다르지 않다는 것입니다. 여러 기업의 인적성 문제를 비교해보면 70% 이상은 같은 원리로 풀 수 있습니다. 이 원리를 기준으로 모든 기업의 문제를 유형화 하여 20유형으로 분류하였습니다. 그렇기 때문에 이 유형의 학습만으로도 모든 기업의 점수 향상이 가능한 것입니다.

필승법으로 공부해야 하는 이유

　필승법은 타고난 능력의 차이까지도 극복할 수 있도록 고안된 풀잇법입니다. 인적성은 타고난 능력을 측정하는 시험입니다. 이 이야기는 해당능력이 부족한 분은 아무리 문제를 많이 푼다고 해서 시험장에서 그 유형 문제를 갑자기 풀어낼 수 있는 것이 아니라는 것입니다. 즉, 단순한 반복학습으로는 점수를 올리는 것이 매우 어렵습니다. 필승법은 간단한 공식이나 기호를 이용해 문제를 풀거나, 문제를 간소화하여 문제를 빠르게 해결합니다. 같은 출발선에 선 다른 지원자보다 한 걸음 먼저 달릴 수 방법, 바로 필승법입니다.

이 책을 효율적으로 활용하는 방법

　이 책은 온라인 강좌를 수강하면서 학습하시면 높은 효율을 얻으실 수 있습니다. 특히 기호를 그려넣는 등 시각적으로 풀어야 하는 문제가 많이 출제가 되는데, 이러한 부분을 글로 모두 설명하는 것은 한계가 있습니다.
　강의에는 본 책에 나오는 모든 문제에 대한 풀이와 해설을 포함하고 있으며 책에 나와있지 않은 부분도 자세한 설명과 함께 배우실 수 있습니다.
　강의를 듣기 전 문제를 풀어보신 후 본인의 풀이방법과 소요 시간을 먼저 파악하시고, 이후 필승법의 풀이 시간과 비교해 더 편리하고 빠른 방법을 느껴보시는 것을 추천드립니다.
　단순 암기 부분(어휘, 상식)도 인적닷컴에서 별도로 제공하고 있으니 참고해주시기 바랍니다.

유형 1 기초연산

인적닷컴의 첫 번째 유형인 기초연산은 직무 내에서 기본적으로 요구되는 연산에 대한 기초를 갖추었는지 판단하는 유형입니다. 그래서 많은 분들이 단순한 사직연산능력만을 체크하는 것으로 생각하여 학습을 건너뛰는 경우가 있습니다. 그러나 연산은 자료해석 혹은 수추리 분야의 기본이 됨은 물론이며 문제해결능력까지 평가되므로 그냥 넘어가서는 안 될 부분이라고 할 수 있습니다. 게다가 문제가 쉬운 만큼 풀이시간을 충분히 주지 않으므로 필승법을 이용해 풀이시간을 단축하는 것이 매우 중요합니다.

Advice. 단순 연산문제의 경우 객관식 보기의 일의 자리가 다른 경우가 많이 있습니다. 이런 경우 수식을 모두 연산하지 않고도 답을 구할 수 있습니다. 이러한 문제는 기초연산분만 아니라 자료해석 등에도 많이 출제되는데, 계산에 급급하여 놓치고 모두 연산하는 경우가 많이 있습니다.

예제 1-1

다음 문제에서 X는 무엇인가?

$$313 \times 124 + 231 - 112 = X$$

① 38930   ② 38931   ③ 38932   ④ 38933   ⑤ 38934

정답 및 풀이

답 | ② 38931

$313 \times 124 + 231 - 112 = 38812 + 231 - 112 = 39043 - 112$
$= 38931$

필승법 적용 시, $3 \times 4 + 1 - 2 = 12 + 1 - 2 = 13 - 2$
$= \cdots 1$

Advice.   암산을 빠르게 하는 방법인 베다수학을 응용하여 곱셈을 해보겠습니다. 인적성에서 자주 계산해야 하는 부분을 위주로 배워보겠습니다.

· 5를 나눌 때는 2를 곱하고 10을 나눈다. 5를 곱할 때는 2를 나누고 10을 곱한다.
· 25를 나눌 때는 4를 곱하고 100을 나눈다. 25를 곱할 때는 4를 나누고 100을 곱한다.
· 9를 곱할 때는 10배를 해 준 후에 한 번 빼준다. 99를 곱할 때는 100배를 해준 후 한 번 빼준다.
· 11을 곱할 때는 양 끝값은 그대로 두고, 각 자릿수를 두 자리씩 묶어 더한 후 나열해준다.

예제 1-2

다음 문제에서 X는 무엇인가?

작년 A 도시에 방문한 관광객은 653,170명이었다. 올해는 10% 증가해 X명이 되었다.

① 718,473　　② 718,474　　③ 718,483　　④ 718,484　　⑤ 718,487

정답 및 풀이

답 | ⑤ 718,487

10% 증가했다는 것은, 올해의 관광객 수가 작년의 관광객 × 1.1 라는 것이므로
653170 × 1.1
 = 718487

필승법 적용 시, 653170 × 11 × 0.1
6 - 5 - 3 - 1 - 7
6 - 11 - 8 - 4 - 8 - 7 (11배 곱셈 계산법)
 = 718487

Advice.　배수 판별법은 임의의 수가 특정한 수의 배수인지 아닌지를 판별하는 방법입니다. 이 판별법 자체는 초등학교 시절 모두 배운 것 입니다. 그러나 실제로 인적성 시험에서는 배수 판별법을 적용하여 풀 수 있다는 것을 인지하지 못하는 경우가 많습니다.

· 2의 배수는 짝수, 4의 배수는 십의 자리까지가 4의 배수. 8의 배수는 백의 자리까지가 8의 배수이다.
· 3의 배수는 각 자리수의 합이 3의 배수, 9의 배수는 각 자리수의 합이 9의 배수이다.
· 5의 배수는 일의 자리가 0 또는 5이다. 6의 배수는 3의 배수이면서 짝수이다.
· 11의 배수는 '짝수번째 자리의 수의 합'과 '홀수번째 자리의 수의 합'이 같거나 11의 배수 차가 난다.

예제 1-3　　　다음 질문에 알맞은 답을 고르시오.

> A 대학교 공과대학의 남학생과 여학생의 비율이 11:1 일 때,
> 다음 중 A대학교 공과대학 남학생 수로 가능한 수는?

① 4983　　　② 4984　　　③ 4993　　　④ 4995　　　⑤ 4998

정답 및 풀이　　　답 | ① 4983

남학생과 여학생의 비율이 11:1 이므로, 남여 학생 수는 각각 11x, x로 표현 가능하다.
즉 전체 남학생의 수는 11의 배수가 되어야 한다.
각 보기를 11로 나누어 보면,
4983 ÷ 11 = 453
4984 ÷ 11 = 453.0909…
4993 ÷ 11 = 453.9090…
4995 ÷ 11 = 454.0909…
4998 ÷ 11 = 454.3636…
4983 만이 11로 나누어 떨어지는 것을 알 수 있다.

필승법 적용 시,
4983, 4 + 8 = 9 + 3 은 참이므로 11의 배수임을 알 수 있다.

Advice.   대소 비교법은 대소를 비교하기 어려운 분수나 소수꼴의 형태를 빠르게 비교하는 방법입니다. 일반적인 대소 비교법인 통분하여 한 변으로 넘기거나 소수 형태로 바꾸어 비교하는 것 보다 연산 횟수를 획기적으로 줄일 수 있습니다.

※ 자세한 풀이와 다른 대소 비교법은 *injeok.com* 온라인 강의에서 배우실 수 있습니다.

· 각각 분모에 분자를 빼 주어도 부등호는 바뀌지 않는다. (역수에 1을 뺀 후 역수를 취한것과 같다.)

· 각각 분자에 분모를 빼 주어도 부등호는 바뀌지 않는다. (양변에 1을 빼 준것과 같다.)

예제 1-4   다음 수식을 참으로 만드는 부호를 고르시오.

$$627 \div 690 \quad \square \quad 73 \div 83$$

① <   ② >   ③ =

정답 및 풀이   답 | ② >

$627 \div 690 = 0.908\cdots$
$73 \div 83 = 0.879\cdots$
이므로, 좌변이 더 크다.

필승법 적용 시, 각각 분모에 분자를 빼 주면,
$627 \div 690 \cdots 627 \div 63 = 9.\cdots$
$73 \div 83 \cdots 73 \div 10 = 7.\cdots$
으로 좌변이 더 크다.

유형 연습 문제

1 다음 문제에서 X는 무엇인가?

$$0.42 \times 2.73 \times 4.94 \ = \ X$$

① 5.66404 ② 5.664102 ③ 5.664204 ④ 5.664303 ⑤ 5.664401

2 다음 문제에서 X는 무엇인가?

$$0.42 \times 2.73 + 4.97 \ = \ X$$

① 6.1166 ② 6.1164 ③ 6.1163 ④ 6.1162 ⑤ 6.1111

3 다음 문제에서 X는 무엇인가?

$$35119 - 35127 \ = \ X$$

① -2 ② -4 ③ -6 ④ -8 ⑤ -10

4 다음 문제에서 X는 무엇인가?

$$1234789037 + 1289047915 - 1854902152 \ = \ X$$

① 668934700　② 668934800　③ 668934900　④ 668934000　⑤ 668935100

5 다음 문제에서 X는 무엇인가?

$$0.24 \times 1.24 \times 1.35 \ = \ X$$

① 0.40170　② 0.40172　③ 0.40174　④ 0.40176　⑤ 0.40178

6 다음 질문에 알맞은 답을 고르시오.

A 대학교의 작년 입학정원은 5920명이다. 올해는 정부 정책으로 인하여 10%의 입학정원을 감소시켜야 한다면. 올해 입학정원은 몇 명인가?

① 5438　② 5348　③ 5338　④ 5328　⑤ 5428

7 다음 중 옳지 않은 문장은?

① 620871 은 3의 배수이다.
② 620872 는 7의 배수이다.
③ 620873 은 11의 배수이다.
④ 610884 는 9의 배수이다.
⑤ 620870 은 8의 배수이다.

8 다음 수가 11의 배수일 때, □에 알맞은 숫자는?

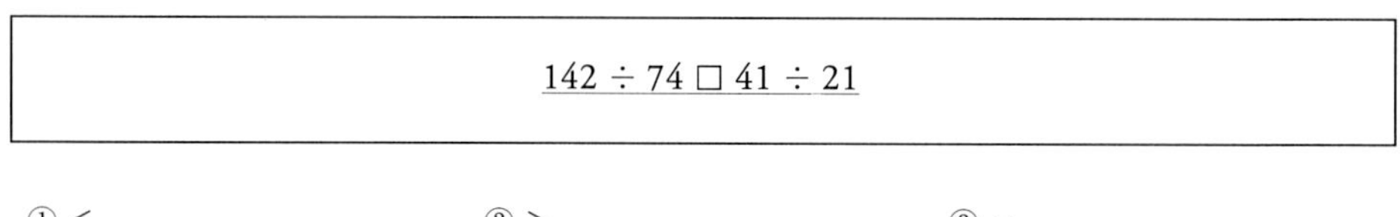

$$9\square 0701$$

① 1　　　② 2　　　③ 3　　　④ 4　　　⑤ 5

9 다음 수식을 참으로 만드는 부호를 고르시오.

$$142 \div 74 \ \square \ 41 \div 21$$

① <　　　② >　　　③ =

유형 2 확률과 통계

확률과 통계는 요령만을 이용해서 풀 수 있는 유형은 아닙니다. 출제 경향도 학창시절 배웠던 내용이 그대로 나오는 경우가 많습니다. 그러나 풀이할 수 있는 방법이 매우 다양하여 어떻게 푸느냐에 따라 풀이 시간의 차이가 크게 납니다. 수능 문제처럼 생각을 많이 해야 하는 문제는 대체적으로 출제되지 않음에도 의외로 오답률이 높게 나오는 유형이기도 합니다. 그 이유는 문제에 속임수가 있는 경우가 종종 있기 때문입니다. 이러한 속임수 문제를 위주로 확률과 통계 유형을 공략해보겠습니다.

Advice. 기댓값을 구하는 문제는 지원자의 실력을 판가름하기 가장 쉬운 유형중 하나입니다. 같은 문제를 어떻게 푸느냐에 따라 시간이 수십배 차이가 날 수 있기 때문입니다. 인적성 평가의 목적에 딱 맞는 유형이라 할 수 있습니다.

예제 2-1   다음 질문에 알맞은 답을 고르시오.

> 0, 3, 4, 5, 8을 중복해서 사용할 수 있을 때,
> 이 숫자로 만들 수 있는 두자리의 모든 자연수의 평균은?

① 44   ② 54   ③ 56   ④ 58   ⑤ 64

정답 및 풀이   답 | ② 54

모든 경우의 수인
30, 33, 34, ... ,84, 85, 88 의 합을 모든 경우의 수인 20으로 나누어 주면
(30 + 33 + 34 + ... + 84 + 85 + 88) ÷ 20
 = 54

필승법 적용 시, 십의 자리는 십의 자리에 올 수 있는 수 3, 4, 5, 8 의 평균인 5이고
일의 자리는 일의 자리에 올 수 있는 수 0, 3, 4, 5, 8의 평균인 4 이므로 평균은 54이다.

Advice. 우리가 어떤 사건이 일어날 확률을 구했습니다. 그 이후에 후행 사건이 발생합니다. 이 후행 사건에 의해 처음 구한 확률이 바뀔 수도 있고, 바뀌지 않을 수도 있습니다. 그러나 가끔은 영향을 주지 않을 것으로 생각되는 후행 사건에 의해 확률이 변하기도 하고, 영향을 줄 것 같은 후행 사건이 일어나도 확률은 변하지 않을 수 있습니다.

예제 2-2   다음 질문에 알맞은 답을 고르시오.

> 빨강, 노랑, 초록, 파랑 카드가 각각 12장씩 들어있는 바구니에서 카드를 한장 뽑았다.
> 그 이후 무작위로 세장을 뽑았더니 모두 빨강색 카드였다.
> 처음에 뽑은 카드가 빨강색일 확률은?

① 3/16   ② 1/4   ③ 4/15   ④ 1/5   ⑤ 9/44

정답 및 풀이   답 | ④ 1/5

빨강색 카드를 뽑은 이후에 세장의 카드를 더 뽑아 확인한 행위가 선행 사건에 영향을 주었다.
꺼낸 카드를 제외한 45장의 카드 중 남아있는 9장 만큼이 확률이 된다.
9/45
= 1/5

> **Advice.**   우리는 '전체 경우의 수' 중의 '해당 사건의 경우의 수'를 해당 사건이 일어날 확률이라고 생각하는 경우가 있습니다. 그러나 다음과 같은 문제에서 위와 같은 방법으로 풀이하면 오답을 고르게 됩니다.

예제 2-3

다음은 A도시와 B도시를 잇는 도로망이다. 한번 진입한 길은 다시 되돌아 갈 수 없으며 길이 여러개 있을 경우 무작위로 선택한다고 한다. A도시에서 출발해 B도시에 도착한 어떤 사람이 C도시를 지났을 확률은?

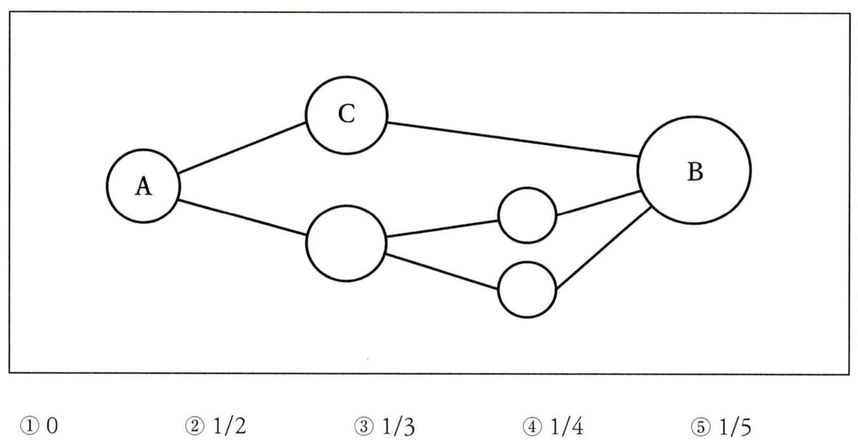

① 0   ② 1/2   ③ 1/3   ④ 1/4   ⑤ 1/5

정답 및 풀이

답 | ② 1/2

간단히 생각하면 전체 경우의 수 세가지 중, C를 지나는 것은 한가지이므로 1/3이 답이라고 생각하기 쉽지만, 처음 갈림길에서 무작위로 길을 선택하므로 C로 갈 확률은 1/2이다.

유형 연습 문제

1 다음 문제에서 X는 무엇인가?

각기 다른 X개의 공을 빨강, 파랑, 초록 3개의 주머니에 넣는다고 할 때, 경우의 수는 243이다.

① 3 　　② 4 　　③ 5 　　④ 6 　　⑤ 7

2 다음 질문에 알맞은 답을 고르시오.

한 개의 주사위를 3번 던졌을 때, 나타나는 눈이 모두 4 이상인 경우의 수는?

① 8 　　② 9 　　③ 16 　　④ 27 　　⑤ 32

3 다음 질문에 알맞은 답을 고르시오.

눈이 0, 1, 4, 9, 16, 25 인 주사위와 보통의 주사위를 동시에 던질 때, 두 주사위 눈의 합이
짝수가 되는 경우의 수는?

① 12 　　② 16 　　③ 18 　　④ 24 　　⑤ 36

4 아래 그림에서 A에서 B까지 가는 최단거리의 경우의 수는 모두 몇 가지인가?

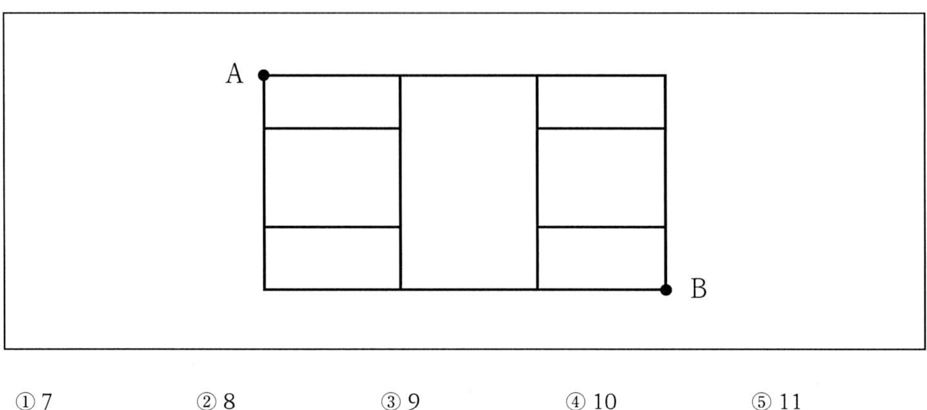

① 7   ② 8   ③ 9   ④ 10   ⑤ 11

5 다음 입체도형에서 A에서 B로 가는 최단거리의 경우의 수는 모두 몇 가지인가?

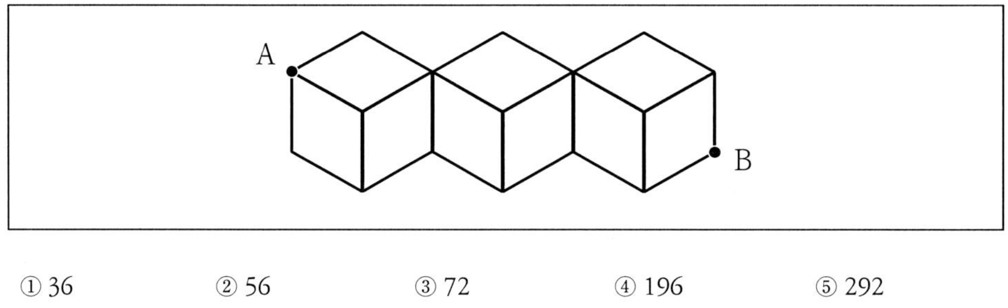

① 36   ② 56   ③ 72   ④ 196   ⑤ 292

6 다음 평면도형에서 A에서 B로 선을 따라가는 최단거리의 경우의 수는 모두 몇 가지인가?

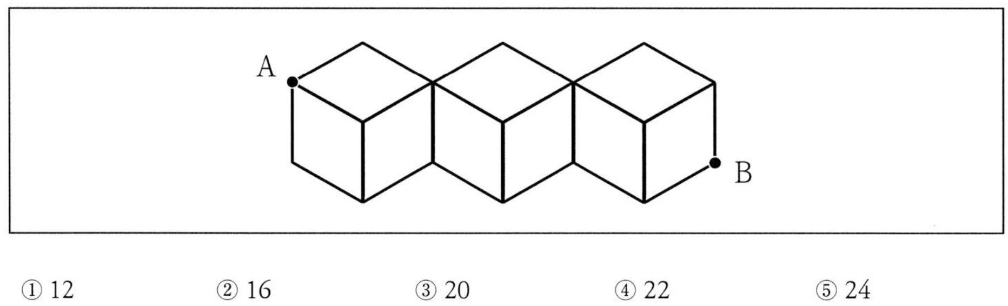

① 12   ② 16   ③ 20   ④ 22   ⑤ 24

7 남자 5명, 여자 4명 중에서 3명을 뽑을 때, 남자와 여자가 적어도 한 명씩은 뽑힐 확률은?

① $\dfrac{1}{2}$ 　　② $\dfrac{2}{3}$ 　　③ $\dfrac{3}{4}$ 　　④ $\dfrac{4}{5}$ 　　⑤ $\dfrac{5}{6}$

8 주머니에 흰 공 3개, 붉은 공 3개, 검은 공 4개가 들어있다. 공을 3개 뽑았을 때 모두 색이 같을 확률은?

① $\dfrac{1}{20}$ 　　② $\dfrac{1}{10}$ 　　③ $\dfrac{3}{20}$ 　　④ $\dfrac{1}{5}$ 　　⑤ $\dfrac{3}{10}$

9 1부터 9까지의 정수가 하나씩 적힌 카드 중에서 두 장을 한꺼번에 뽑았을 때, 두 수의 차이가 짝수인 확률은?

① $\dfrac{5}{12}$ 　　② $\dfrac{4}{9}$ 　　③ $\dfrac{17}{36}$ 　　④ $\dfrac{1}{2}$ 　　⑤ $\dfrac{19}{36}$

10 다음 질문에 알맞은 답을 고르시오.

> 두 개의 주사위를 한꺼번에 던지는 시행에서 두 눈 합의 100배만큼을 상금으로 받는다고 할 때,
> 상금의 기댓값은?

① 347.5 　　② 350 　　③ 600 　　④ 650 　　⑤ 700

11 주사위 4개를 한꺼번에 던지는 시행에서 나오는 주사위 눈의 총 합을 A라 할때, A의 평균을 구하시오.

① 6.5   ② 7   ③ 13.5   ④ 14   ⑤ 15.5

12 다음 질문에 알맞은 답을 고르시오.

> **빨강, 노랑, 초록, 파랑 카드가 각각 12장씩 들어있는 바구니에서 카드를 한장 뽑았다.**
> **그 이후 다른사람이 상자 안을 확인해 있는 빨강색 카드 세장을 꺼냈다.**
> **처음에 뽑은 카드가 빨강색일 확률은?**

① 3/16   ② 1/4   ③ 4/15   ④ 1/5   ⑤ 9/44

13 아래 그림에서 A에서 B까지 최단거리로 이동했을때, C를 지날 확률은? (단, 갈림길에서 이동할 길은 무작위로 선택한다.)

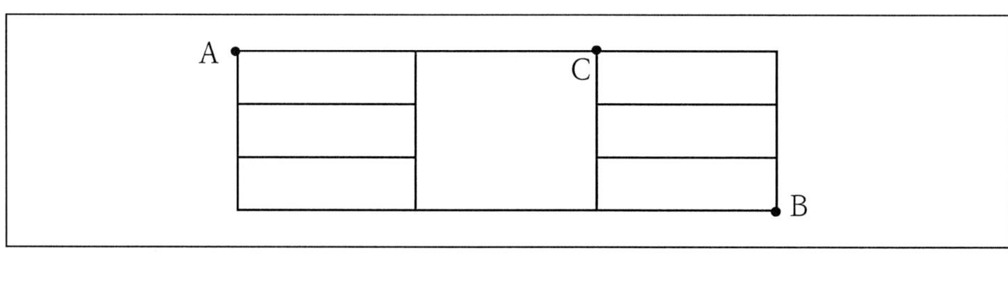

① 1/4   ② 1/6   ③ 1/8   ④ 3/8   ⑤ 3/16

유형 3 응용수리 : 비례식과 농도

필승법 8 비례식 배수 판별 응용법
필승법 9 농도 내분점 응용법

비례식을 이용해서 풀어야 하는 문제들의 경우 1강에서 배웠던 기초연산의 필승법을 활용해서 한번 풀어보도록 하겠습니다. 또한, 방정식 분야에서 어려워하시는 분들이 많은 농도 유형을 다뤄보겠습니다. 풀이는 하더라도 분수 계산이 많아 까다로워하시거나 계산 실수를 하는 분들이 많은데, 내분점을 활용한 직관적 풀잇법을 알려드리겠습니다.

Advice.   비례식이 주어졌을 때 일반적으로 정답은 작은 자연수로 나누어떨어지는 경우가 많아 기초연산 필승법만으로도 풀이가 가능한 경우가 있습니다.

예제 3-1   다음 질문에 알맞은 답을 고르시오.

> 인적닷컴 회원의 남녀 비율은 5:11이다.
> 남자 회원의 수가 여자회원의 수보다 24명이 적을 때 여자회원의 수는?

① 40   ② 41   ③ 42   ④ 43   ⑤ 44

정답 및 풀이   답 | ⑤ 44

남자 회원의 수를 5X, 여자 회원의 수를 11X라 했을 때,
5X + 24 = 11X 가 성립해야 하므로
X = 4
즉, 여자회원의 수는 44명

필승법 적용 시, 여자 회원의 수가 11X로 표현되므로
11의 배수인 44만이 답이 될 수있다.

Advice. 농도가 다른 두 개의 용액을 섞는 문제가 자주 출제되는데, 두 개의 용액을 섞으면 농도는 두 용액의 농도의 사이에서 결정되게 됩니다. 이러한 원리를 응용하면 내분점 개념을 농도 문제 풀이에 적용이 가능합니다.

예제 3-2

다음 질문에 알맞은 답을 고르시오.

> 10% 소금물 200 g과 20% 소금물 300 g을 섞었다. 혼합된 소금물의 농도는?

① 12%　　② 13%　　③ 14%　　④ 16%　　⑤ 18%

정답 및 풀이

답 | ④ 16%

10% 소금물 200g의 소금 양 + 20% 소금물 300g의 소금 양 / 전체 소금물의 양 500g 을 구해주면 되는 문제이다.
200 × 0.1 + 300 × 0.2 / 500
= 80 / 500
= 0.16
= 16%

필승법 적용 시, 3:2 내분점을 활용해 16%임을 알 수 있다.

유형 연습 문제

1 A는 세 가지 맛의 과자를 샀다. 절반은 감자 맛 과자, 30%은 고구마 맛 과자, 나머지는 양파 맛 과자를 사왔다. 오는 길에 감자 맛 과자와 고구마 맛 과자를 절반 흘리고, 집에 와서 각각 남은 과자의 절반씩을 먹었다. 처음 사온 양에 비해 과자는 몇 % 남아있는가?

① 10% ② 15% ③ 20% ④ 25% ⑤ 30%

2 인적닷컴 회원의 남녀 비율은 5:6이다. 그 중 수강생의 남녀비율은 4:3이고, 비수강생의 남녀비율은 1:3이다. 수강생이 총 140명이라고 할 때 회원은 총 몇 명인가?

① 220명 ② 230명 ③ 240명 ④ 250명 ⑤ 260명

3 인적닷컴 회원의 남녀 비율은 3:5이다. 만약 내일 남자회원이 5% 늘고 여자회원이 3% 탈퇴했다면 전체 회원의 수는 오늘에 비해 어떻게 달라지겠는가?

① 늘어난다. ② 줄어든다. ③ 알 수 없다. ④ 변화하지 않는다

4

이틀에 걸쳐 올해 경제 성장에 대해 설문조사를 실시했다. 첫째 날 경제가 성장할 것 같다고 말한 사람과 성장하지 않을 것이라 말한 사람의 비가 5:6이었다. 둘째 날 20명을 조사한 결과는 1:1이었다. 이틀 동안의 조사를 합친 결과가 7:8일때 이틀 동안 경제가 성장할 것 같다고 말한 사람의 총 수는?

① 30명   ② 32명   ③ 35명   ④ 40명   ⑤ 45명

5

다음 문제에서 X는 무엇인가?

7% 소금물 X g과 3% 소금물 240 g을 섞었더니 6%의 소금물이 되었다.

① 80   ② 240   ③ 360   ④ 480   ⑤ 720

6

5% 소금물 800 g이 있다. 여기에 500 g의 물을 더 넣은 후에 소금 한 컵을 넣었더니, 10%의 소금물이 되었다. 더 넣은 소금의 양은 얼마인가?

① 50 g   ② 100 g   ③ 120 g   ④ 200 g   ⑤ 250 g

7   A% 소금물 120 g과 12% 소금물 240 g을 섞었더니 10%의 소금물이 되었다. A는 몇 % 인가?

① 6%   ② 7%   ③ 8%   ④ 10%   ⑤ 16%

8   빨간 통에 담겨 있는 500 g의 소금물과 파란 통에 담겨있는 400 g의 소금물이 있다. 빨간통에서 100 g을 파란통에 넣은 다음 다시 파란통에서 100 g을 빨간통에 넣었을 경우 농도가 각각 10%, 14%였다. 물을 옮기기 전 빨간 통 안의 소금물의 농도는?

① 7%   ② 9%   ③ 10%   ④ 11%   ⑤ 13%

9   야구선수 인적이의 타율은 3할 7푼이고, 닷컴이의 타율은 4할 3푼이다. 인적이가 두 번 칠 때, 닷컴이가 한 번 씩 치면서 타격을 했을 경우 기대되는 타율은 얼마인가?

① 3할 9푼   ② 3할 9푼 5리   ③ 4할   ④ 4할 5리   ⑤ 4할 1푼

유형 4 응용수리 :
거리, 시간, 속력

응용수리 수리 분야에서 가장 출제 비중이 높은 것이 방정식 입니다. 그 중에서도 거리, 시간, 속력에 대한 문제는 빠질 수 없습니다. 학교에서 가르쳐 주지 않았던 방법을 이용해 시간을 줄이는 방법을 알아보겠습니다.

Advice. 거리, 시간, 속력 공식이나, 표를 이용해 푸는 것이 일반적인 풀이가 될 겁니다. 하지만 주사위 보드 게임이라 생각하고 한 차례에 움직이는 거리를 속력이라고 생각하면 충분히 암산으로 답이 나오는 경우도 많이 있습니다.

예제 4-1 다음 질문에 알맞은 답을 고르시오.

> 인적이는 21 km 떨어진 산 정상에 오르려고 한다.
> 처음 세 시간은 5 km/h의 속력으로 걷다가 힘이 빠져 3 km/h로 속력을 줄여
> 산 정상에 도착했다고 한다. 인적이가 산에 오르는데 걸린 시간은 얼마인가?

① 3시간   ② 4시간   ③ 5시간   ④ 6시간   ⑤ 7시간

정답 및 풀이 답 | ③ 5시간

	5km/h로 간 구간	3km/h로 간 구간	전체 구간
거리			21
시간	3		x
속력	5	3	

나머지 부분을 공식에 맞춰 넣으면,

	5km/h로 간 구간	3km/h로 간 구간	전체 구간
거리	15	6 = 3x-9	21
시간	3	x-3	x
속력	5	3	

6 = 3x − 9 를 풀어주면,
x = 5

필승법 적용 시, 한 차례에 5칸씩 세 번 15칸을 이동한 후,
나머지 6칸을 한 차례에 세 칸씩 두 번 움직이면, 총 5차례 만에 산에 오를 수 있다.

Advice.　속력을 구하는 문제에도 내분점 원리의 적용이 가능합니다. 중간에 속력을 바꾸는 문제의 경우 천천히 갔을 때의 속력과 빠르게 갔을 때의 속력 사이에 평균속력이 위치해 있습니다. 평균속력은 간 각각 이동한 시간의 반대의 비로 내분한 점이 됩니다.

※ 평균속력 응용법의 자세한 풀이는 *injeok.com* 온라인 강의에서 배우실 수 있습니다.

예제 4-2　다음 글을 읽고 X로 가능한 것을 고르시오.

> 인적이가 20 km 떨어진 산 정상에 오르려고 한다.
> 처음에는 10 km/h로 가다가 중간에 힘이들어 2 km/h로 속도를 줄였다.
> 총 4시간이 걸렸다고 할 때, 인적이가 2 km/h로 간 시간는?

　① 1시간　　② 1시간 30분　③ 1시간 45분　④ 2시간 30분　⑤ 2시간 45분

정답 및 풀이　답 | ④ 2시간 30분

필승법 적용 시, 평균속력 5 km/h 는 '2 km/h' 와 '10 km/h' 의 3:5 내분점이므로,
4시간의 5:3 내분점인 2시간 30분이 답이 된다.

Advice. 기차가 터널을 통과하거나 두 대의 기차가 비껴가는 문제의 경우 기차의 길이까지 고려해서 풀어야 하는 경우가 있습니다. 이러한 경우 그림을 그려 많이 풀게 됩니다. 움직이는 물체는 대칭이 아닌 앞 뒤가 구분되도록 그리셔야 혼동이 없습니다.

예제 4-3 다음 질문에 알맞은 답을 고르시오.

> 130 m/s로 달리는 롤러코스터가 1 km 길이의 터널을 들어가기 시작해서
> 완전히 통과하는 데 8초가 걸렸다고 한다. 이 롤러코스터의 길이는 몇 m인가?

① 16 m   ② 24 m   ③ 30 m   ④ 36 m   ⑤ 40 m

정답 및 풀이 답 | ⑤ 40 m

필승법 적용 시, 아래 그림과 같이 가장 첫번째 상황과 마지막 상황을 비교한 후 가장 앞쪽이 얼마나 이동했는지를 구한다.

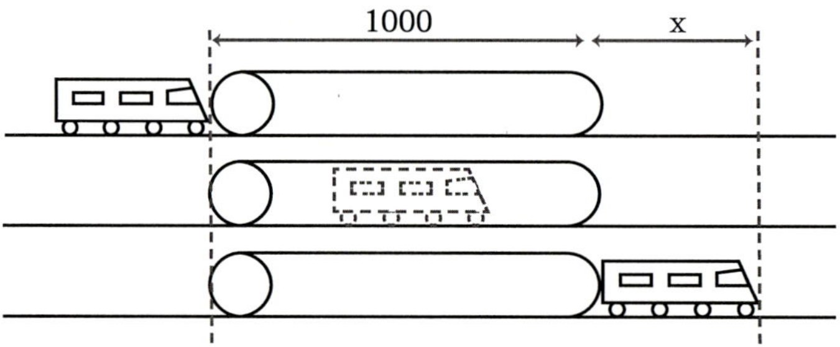

즉, 롤러코스터가 이동하는 거리는 터널의 길이와 롤러코스터의 길이를 더한 값과 같다.
롤러코스터의 길이를 x, 전체 이동한 거리는 1000 + x 이므로,
1000 + x = 130 × 8
x = 40

Advice.　속력이 다르거나, 이동방향이 다른 두개의 물체가 움직이는 경우 상대속도를 이용하여 풀이하면 한 개의 물체는 고정시켜 한 물체의 움직임만으로 답을 구할 수 있습니다.

예제 4-4　다음 질문에 알맞은 답을 고르시오.

> 400 m 둘레의 운동장에서 인적이와 닷컴이가 같은 지점에서 같은 방향으로 출발하여 돌고 있다. 이 둘의 속력 차이가 2 m/s라 할 때 몇 초 후에 만나는가?

① 100초　　② 200초　　③ 400초　　④ 800초　　⑤ 1600초

정답 및 풀이　답 | ② 200초

인적이의 속도를 x m/s, 닷컴이의 속도를 x + 2 m/s 라고 하면,
y초 동안 인적이가 이동한 거리는 xy m, 닷컴이가 이동한 거리는 (x + 2)y m이다.
다시 만나기 위해서는 400의 배수만큼 차이가 나야 한다.
xy − (x + 2)y = 400
y = 200

필승법 적용 시, 한 명을 고정시킨 후 한명의 속력을 2m/s 이라 생각하여 풀어도 무방하다.
즉, 2m/s 의 속도로 400m를 한바퀴 도는데 걸리는 시간이므로,
400 m ÷ 2 m/s
 = 200 s
200초가 답이 된다.

유형 연습 문제

1 40 km 떨어진 두 지점의 양 끝에서 인적이는 시속 6 km의 속력으로 닷컴이는 시속 4 km의 속력으로 서로 마주 보고 걸었다. 두 사람이 만났을 때 닷컴이가 걸은 거리는 얼마인가?

① 12 km ② 16 km ③ 18 km ④ 20 km ⑤ 22 km

2 배로 강을 15 km 거슬러 올라가는 데 1시간 30분이 걸렸고, 같은 장소를 다시 내려오는 데 50분이 걸렸다. 이 때, 정지하고 있는 물에서 배의 속력은 얼마인가?

① 16 km/h ② 15 km/h ③ 14 km/h ④ 13 km/h ⑤ 12 km/h

3 400 m 둘레의 운동장에서 인적이와 닷컴이가 같은 지점에서 반대 방향으로 출발하여 40초 후에 만났다. 이 둘의 속도의 합은?

① 2 m/s ② 4 m/s ③ 6 m/s ④ 10 m/s ⑤ 12 m/s

4

100 m/s로 마주보며 달리는 100 m 길이의 KTX가 서로 만나기 시작해서 완전히 떨어질 때까지 걸린 시간은?

① 4초   ② 2초   ③ 1초   ④ 0.5초   ⑤ 0.25초

5

100 m/s로 달리는 KTX안에서 같은 속력으로 마주보고 달리는 100 m 길이의 열차를 창에서 바라보았을 때 나타난 때부터 사라질 때까지 걸린 시간은?

① 4초   ② 2초   ③ 1초   ④ 0.5초   ⑤ 0.25초

6

100 m/s로 달리는 KTX안에서 75 m/s의 속력으로 같은 방향으로 달리는 100 m 길이의 ITX 열차를 창에서 바라보았을 때 나타난 때부터 사라질 때까지 걸린 시간은?

① 12초   ② 8초   ③ 4초   ④ 3초   ⑤ 2초

7

2 km 떨어진 곳에서 두 사람이 1 km/h의 속도로 각각 서로를 바라보는 방향으로 움직이고 있다.그리고 가운데서 강아지 한 마리가 두 사람 사이를 왔다 갔다 하고 있다. 강아지의 속도가 12km/h 라면 강아지가 움직인 총 거리는?

① 6 km   ② 12 km   ③ 18 km   ④ 24 km   ⑤ 30 km

유형 5 응용수리 : 가격 분배

가격과 분배 유형은 기업에 입사하여 직접적으로 해야 할 일들과 밀접하게 관련되어 있습니다. 가격 유형의 특징은 수가 크다는 것입니다. 수가 커지면서 연산이 복잡해지지만 단순히 연산을 잘하는 것보다는 수에 대한 감이 있는지 없는지가 중요합니다.

Advice. 각 보기의 수가 5% 이상 차이가 나는 경우, 앞 세 자리만 가지고 곱셈을 하여도 답을 구할 수 있습니다. 실전에서는 5% 보다 적은 차이에도 적용할 수 있습니다.

예제 5-1

다음 질문에 알맞은 답을 고르시오.

> 연이율 25.13%로 1,942,421원을 빌렸을 때, 1년 후 갚아야 할 돈은?

① 2,190,513원   ② 2,314,821원   ③ 2,430,551원

④ 2,571,551원   ⑤ 2,635,622원

정답 및 풀이

답 | ③ 2,430,551원

연이율 25.13%는 1년 후에 1.2513 배의 돈을 갚아야 한다는 이야기이므로,
1942421 × 1.2513
= 2,430,551.40…
즉 2,430,551원을 갚아야 한다.

필승법 적용 시, 194 × 1.25 만 계산하여 답을 구할 수 있다.

Advice. 문제에 가격이 나와 있어 가격을 이용해 문제를 풀어야 하는 문제인 것으로 착각하기 쉬운 문제입니다. 이러한 문제는 잘못 풀면 연산이 어려워지도록 가격을 복잡한 수로 하여 출제됩니다. 계산하기 어려운 경우 다시 생각해 보아야 합니다.

예제 5-2 다음 질문에 알맞은 답을 고르시오.

> 인적닷컴 인적성 수강료는 149,990원 인데 30명이상 신청한 단체에 대해서는 2할을 할인해 준다고 한다. 인원보다 더 많이 신청할 수 있다고 할 때, 단체로 수강하는 것이 유리한 최소의 인원은 몇 명인가?

① 23명   ② 24명   ③ 25명   ④ 26명   ⑤ 27명

정답 및 풀이 답 | ③ 25

30명으로 신청한게 X명이 개별로 신청한 것 보다 이득이어야 하므로.
$149{,}990 \times 30 \times 0.8 < 149{,}990 \times X$
$X > 24$
즉, 최소 인원은 25명 이다.

필승법 적용 시,
30명으로 신청할 경우 24명분의 수강료를 내면 되므로, 25명 이상이 들으면 유리하다.

Advice. 어떠한 값을 미지수로 표현하는 문제의 경우 직접 식을 만드는 것 보다, 특수한 상황을 가정하여 임의의 수를 보기에 대입하여 풀이하는 것이 유리한 경우가 많습니다. 양수 범위 내로만 답이 나와야 함에도 불구하고 음수가 나오거나, 루트 안에 음수가 들어가는 등의 오류가 생기면 답이 될 수 없습니다.

예제 5-3

인적이는 A원짜리 과자 x개와 B원짜리 음료수 y개를 사고 C원을 내고 거스름돈으로 D원을 받았다. x는?

① $\dfrac{C-D-By}{A-By}$ ② $\dfrac{C+D}{A+By}$ ③ $\dfrac{C-D-By}{A}$

④ $(C-D)(A-By)$ ⑤ $A-By(C-D)$

정답 및 풀이

답 | ③ $(C-By-D) / A$

$Ax + By + D = C$
이를 x에 대해 정리하면,
$C-By-D = Ax$
$x = (C-By-D) / A$

필승법 적용 시, 특수한 상황을 가정하여 대입하여 풀이한다.
예시 : 1원짜리 과자 1개와 1원짜리 음료수 1개를 사고 3원을 내고 1원을 받았다.

유형 연습 문제

1 어떤 제품을 세일기간에 판매금액의 25%를 할인하여 135,000원에 판매하였다. 그런데 판매금액은 원가에서 80%의 이윤을 붙인 금액이었다고 할 때, 판매자는 얼마의 이익을 남긴 것인가?

① 35,000원　　② 40,000원　　③ 45,000원　　④ 50,000원　　⑤ 55,000원

2 어떤 책에 원가의 35%의 이익을 붙여 정가를 정하였다. 세일 기간에 정가의 20%를 할인하여 판매하여도 600원 이상의 이익이 생길 때, 이 책의 원가의 최솟값은?

① 6,500원　　② 7,000원　　③ 7,500원　　④ 8,000원　　⑤ 8,500원

3 어떤 물건을 20개 만들어 40% 이익을 내고 팔았다. 그러나 공장에 문제가 있어 16개의 제품만 생산이 가능하다. 다음 번도 같은 이익을 얻으려면 몇%의 이익률이 책정돼야 하는가?

① 30%　　② 40%　　③ 45%　　④ 50%　　⑤ 60%

4 어떤 가게에서 프렌치토스트와 샌드위치를 팔고있다. 프렌치토스트는 7000원 샌드위치는 4000원이며 계란과 빵은 각각 20개 남아있다고 한다. 이 재료를 가지고 최대 매출을 올렸을 때, 샌드위치의 판매량은?

프렌치 토스트 재료 : 계란 4개, 빵 2개
샌드위치 재료 : 계란 1개 빵 3개

① 2개   ② 3개   ③ 4개   ④ 5개   ⑤ 6개

5 x명이 긴 의자 y개에 앉으려 한다. 5명씩 앉으려면 모두 의자에 앉고도 9명이 앉지 못하고, 6명씩 앉으려면 마지막 의자에 1명이 앉고 3개의 의자가 남는다고 한다. 그렇다면, $x+y$의 값은 얼마인가?

① 200   ② 201   ③ 202   ④ 203   ⑤ 204

6 사람들이 긴 의자에 3명씩 앉으면 6명이 서 있게 되고, 5명씩 앉으면 의자 4개가 남는다. 긴 의자의 수로 가능한 것은?

① 15   ② 16   ③ 17   ④ 18   ⑤ 19

7

인적닷컴으로 공부한 인적이와 공부하지 않은 닷컴이가 인적성 시험을 보러갔다. X문제를 Y분 안에 풀어야 하는데, 인적이는 1분에 세 문제씩 풀어 8분이 남았고, 닷컴이는 2분에 한 문제씩 풀어 26문제를 풀지 못했다. 문제의 수는?

① 30 　　② 33 　　③ 36 　　④ 40 　　⑤ 44

8

2 km의 직선 도로의 양 옆에 나무를 세우려고 한다. 도로의 시작점 부터 시작해서 200 m 간격으로 한 그루씩 심는다고 할 때, 필요한 나무는 몇 그루인가?

① 9 　　② 11 　　③ 18 　　④ 20 　　⑤ 22

9

우진이와 보영이는 독서가 취미이다. 우진이는 매일 전날 읽은 쪽 수의 두 배씩 늘려서 3일 동안 읽었고 보영이는 전날 읽은 쪽 수보다 10쪽씩 늘려서 8일 동안 책을 읽었을 때 두 사람이 읽은 쪽 수가 같았다. 이들이 읽은 쪽 수는?

① 280 　　② 301 　　③ 315 　　④ 336 　　⑤ 419

유형 6 응용수리 : 일률 기타

필승법 17 일률 공배수 응용법
필승법 18 시계의 바늘 각도 공식

응용수리 마지막은 일률과 시계 달력 등 실생활 문제들입니다. 일률은 분수 꼴의 복잡한 계산을 해 주어야 하는 유형으로 특히 사내 인력관리나 장비를 효율적으로 운용하는 데 있어 직접적으로 관련되는 유형입니다.

Advice.   일률은 보통 전체 일을 1로 놓고 푸는 것으로 배웠지만. 빠르게 계산하기 위해서는 전체 일을 문제에 나온 수들의 공배수 중 적당한 수로 놓고 풀면 암산으로도 풀이가 가능합니다.

※ 일률 공배수 응용법의 자세한 풀이는 *injeok.com* 온라인 강의에서 배우실 수 있습니다.

예제 6-1   다음 질문에 알맞은 답을 고르시오.

> 어떤 일을 하는 데 A가 혼자하면 15시간이 걸리고, A와 B가 함께 하면 10시간이 걸린다고
> 했을 때 B가 혼자 일을 하는 데 걸리는 시간은?

① 26시간   ② 30시간   ③ 32시간   ④ 34시간   ⑤ 36시간

정답 및 풀이   답 | ② 30시간

전체 일을 1로 두면, A의 일률은 1시간당 1/15가 되고
A와 B가 함께 일을 할 경우 일률은 1시간당 1/10이 된다
B의 일률은 1/10 − 1/15 = 1/30 이 되므로,
1/30 × X = 1
X = 30
B 혼자 일을 할 경우 30시간이 걸린다.

Advice.　시계의 바늘이 일정한 시간동안 몇 도 움직였는지 푸는 문제는 간단한 식을 만들어 풀이
할 수 있습니다. 그러나 시험장에서 시간을 단축시키기 위해서는 이 공식을 꼭 암기해 두시기 바랍니
다.

· A시 B분일 때, 시침과 분침의 각도 : $(|30A - 5.5B|)°$
· A시 B분 C초일 때, 시침과 분침의 각도 : $(|30A-5.5B-(11C/120)|)°$

예제 6-2　　5시와 6시 사이에 시침과 분침이 만나는 시간은 5시 X분이다. X를 구하시오.

　① 300/11　　② 660/21　　③ 55/2　　④ 30　　⑤ 360/11

정답 및 풀이　　답｜ ① 300/11분

필승법 적용 시, A = 5, $(|30A - 5.5B|)° = 0$
150 = 5.5B,
B = 150/5.5 = 300/11

유형 연습 문제

1

어떤 일을 하는 데 A는 8시간 B는 10시간 걸린다, 하지만 함께 일을 하면 혼자 일할 때 보다 일의 능률이 20% 떨어진다고 한다. 두 사람이 함께 5시간 동안 일하다가 남은 일을 B 혼자 한다면 B가 총 일한 시간은 어떻게 되는가?

① 5시간 40분　② 5시간 45분　③ 6시간　④ 6시간 30분　⑤ 7시간

2

X, Y, Z가 함께 일하면 4일에 할 수 있는 일을 따로 하면 각각 A, 8, 10일 걸린다고 할 때, X와 Z가 함께 일한다면 며칠 걸리겠는가?

① 4일　② 5일　③ 6일　④ 8일　⑤ 9일

3

X,Y,Z가 함께 일하면 A일에 할 수 있는 일을 따로 하면 각각 2A, 3A, 48일 걸린다고 할 때, X와 Z가 함께 일한다면 며칠 걸리겠는가?

① 7일　② 9일　③ 12일　④ 24일　⑤ 27일

4 물탱크에 물을 가득 채우는 데 A관을 이용하면 12분, B관을 이용하면 X분이 걸린다. 먼저 3분 동안 B관만을 이용하여 물을 채우다가 나머지는 Y분 동안 두 관을 모두 이용하여 물을 가득 채웠을 때, X를 Y에 관한 식으로 표현한 것으로 옳은 것은?

① $\dfrac{36+12Y}{12-Y}$

② $\dfrac{36-Y}{Y}$

③ $\dfrac{12Y-36}{Y+12}$

④ $(12-Y)(36-12Y)$

⑤ $36(12-Y)$

5 12시 42분 정각일 때 아날로그 시계의 시침과 분침 사이의 각도를 구하시오.

① $129°$ ② $130°$ ③ $131°$ ④ $132°$ ⑤ $133°$

6 인적이는 12 km/h의 속도로 8 km 떨어진 집에 도착하였다. 출발 시간이 5시 50분이었다. 도착하였을 때 시침과 분침 사이의 각도는?

① $15°$ ② $16°$ ③ $17°$ ④ $18°$ ⑤ $20°$

7 어느 해의 10월 1일은 월요일이다. 다음 해의 2월 1일은 무슨 요일인가?

① 화요일　　　② 수요일　　　③ 목요일　　　④ 금요일　　　⑤ 토요일

8 어느 달의 금요일인 날짜를 모두 더했더니 62일이었다. 그 달 1일은 무슨 요일인가?

① 목요일　　　② 토요일　　　③ 일요일　　　④ 월요일　　　⑤ 화요일

9 어느 달의 토요일인 날짜를 모두 더했더니 46이었다. 그 달로 가능한 월은 몇 월인가?

① 1월　　　② 2월　　　③ 4월　　　④ 12월　　　⑤ 알 수 없음

유형 7 수열추리

필승법 19 수열 순차 확인법
필승법 20 기타 수열 풀잇법

추리영역은 답이 여럿일 수도 있습니다. 하지만 모두 답이 되는 것은 아닙니다. 추리영역의 답은 보편적인 생각에서 벗어날 정도로 어렵게 찾으시면 안 됩니다. 보편적인 생각이 가능한 인재를 뽑는 것이 이 유형의 목적이기 때문입니다.

Advice. 많이 나오는 유형부터 알고리즘 형식으로 확인하여 문제당 풀이시간을 단축하고 난이도가 있는 문제에 많은 시간을 쏟지 않도록 하는 방법입니다. 순차 확인을 하기 위해서는 일반 형태의 수열에 대한 숙지는 되어있어야 합니다.

※ 수열 순차 확인법의 자세한 풀이는 *injeok.com* 온라인 강의에서 배우실 수 있습니다. ※ 수열 테이블은 부록을 참고해 주시기 바랍니다.

예제 7-1   아래 나열된 수의 일정한 규칙을 찾아 ( )에 들어갈 알맞은 것을 고르시오.

2　3　5　8　12　18　26　38　( )

① 62 　　② 64 　　③ 66 　　④ 68 　　⑤ 70

정답 및 풀이   답 | ① 62

+1, +2, +3, +4, +6, +8, +12 …
이는 모두 24의 약수이므로 24의 약수를 더한 62가 답이 된다.

Advice.　간단히 풀이가 어려운 수열은 일반적으로 군수열이거나 일정한 규칙들이 변화하며 반복되는 경우가 있습니다. 해당 형태의 경우 일정한 리듬을 가지고 수열을 파악해야 하는 경우가 있으며 그 외 특별한 수열의 경우 나올 수 있다는 것을 인지하고 있어야 합니다.

※ 기타 수열 풀잇법은 *injeok.com* 온라인 강의에서 배우실 수 있습니다.

예제 7-2　　아래 나열된 수의 일정한 규칙을 찾아 ( )에 들어갈 알맞은 것을 고르시오.

16　8　12　36　18　22　66　33　( )

①　16　　　　②　29　　　　③　31　　　　④　37　　　　⑤　66

정답 및 풀이　　답 | ④ 37

÷2, +4, ×3, ÷2, +4, ×3... 이 반복되는 수열이다.

유형 연습 문제

1 아래 나열된 수의 일정한 규칙을 찾아 ( )에 들어갈 알맞은 것을 고르시오.

2 1 1 2 ( ) 7

① 1   ② 2   ③ 3   ④ 4   ⑤ 5

2 아래 나열된 수의 일정한 규칙을 찾아 ( )에 들어갈 알맞은 것을 고르시오.

-11 -8 -2 ( ) 19 34

① 5   ② 6   ③ 7   ④ 8   ⑤ 9

3 아래 나열된 수의 일정한 규칙을 찾아 ( )에 들어갈 알맞은 것을 고르시오.

-5 -4 ( ) 8 35 116

① -2   ② -1   ③ 0   ④ 1   ⑤ 2

4 아래 나열된 수의 일정한 규칙을 찾아 ( )에 들어갈 알맞은 것을 고르시오.

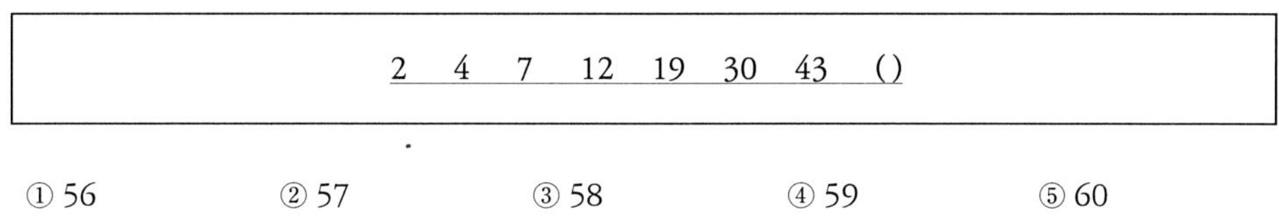

① 10   ② 5   ③ 0   ④ -5   ⑤ -10

5 아래 나열된 수의 일정한 규칙을 찾아 ( )에 들어갈 알맞은 것을 고르시오.

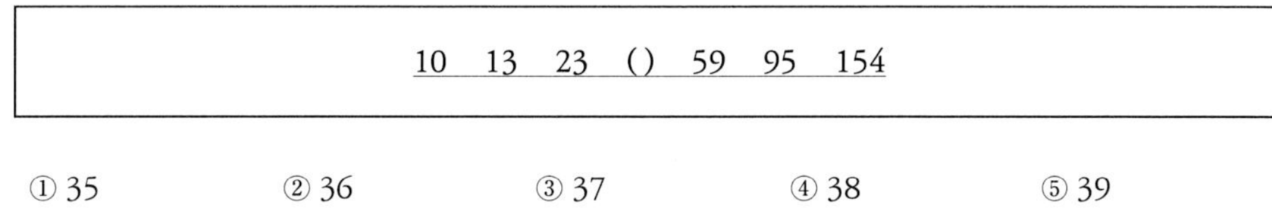

① 56   ② 57   ③ 58   ④ 59   ⑤ 60

6 아래 나열된 수의 일정한 규칙을 찾아 ( )에 들어갈 알맞은 것을 고르시오.

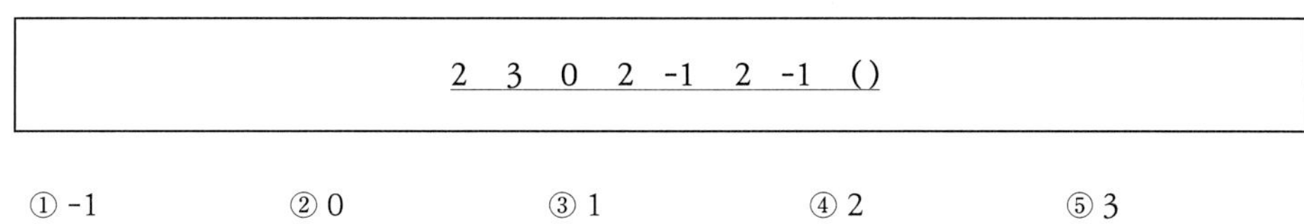

① 35   ② 36   ③ 37   ④ 38   ⑤ 39

7 아래 나열된 수의 일정한 규칙을 찾아 ( )에 들어갈 알맞은 것을 고르시오.

① -1   ② 0   ③ 1   ④ 2   ⑤ 3

8 아래 나열된 수의 일정한 규칙을 찾아 ( )에 들어갈 알맞은 것을 고르시오.

> 2　3　6　3　5　10　5　8　16　( )

① 9　　　② 12　　　③ 15　　　④ 20　　　⑤ 32

9 아래 나열된 수의 일정한 규칙을 찾아 ( )에 들어갈 알맞은 것을 고르시오.

> 1　4　11　26　57　120　( )

① 245　　　② 246　　　③ 247　　　④ 248　　　⑤ 249

10 아래 나열된 수의 일정한 규칙을 찾아 ( )에 들어갈 알맞은 것을 고르시오.

> 3　6　11　20　37　( )

① 53　　　② 70　　　③ 71　　　④ 79　　　⑤ 93

11 아래 나열된 수열의 50번째 항은?

> 1 3 2 1 5 4 3 2 1 7 6 5 4 3 2 1 …

① 15　　　② 16　　　③ 17　　　④ 18　　　⑤ 19

12 아래 나열된 수의 일정한 규칙을 찾아 A+B의 값을 구하시오.

$$\frac{1}{2} \quad \frac{1}{2} \quad \frac{2}{3} \quad 1 \quad \frac{8}{5} \quad \frac{8}{3} \quad \frac{A}{B}$$

① 23　　② 25　　③ 29　　④ 37　　⑤ 39

13 아래 나열된 수의 일정한 규칙을 찾아 ( )에 들어갈 알맞은 것을 고르시오.

$$1 \quad 10 \quad 11 \quad 100 \quad 101 \quad 110 \quad 111 \quad (\ )$$

① 112　　② 120　　③ 121　　④ 200　　⑤ 1000

14 아래 나열된 수의 일정한 규칙을 찾아 ( )에 들어갈 알맞은 것을 고르시오.

$$1 \quad 11 \quad 12 \quad 1121 \quad 1321 \quad 122131 \quad (\ )$$

① 122132　　② 131441　　③ 132231　　④ 142131　　⑤ 11131221

유형 8 관계추리 연산추리

수열 추리보다는 약간 난이도 있는 문제들이 출제됩니다. 관계추리의 경우 자주 출제되었던 문제에 사용한 추리법을 우선적으로 확인해야합니다. 또한, 특정한 상황에서만 나올 수 있는 특이수를 기준으로 서로의 관계를 추리해 나가야 합니다.

Advice.　관계추리에서는 특이수를 중심으로 확인하는 것이 유리합니다. 특이수의 예는 소수, 약수가 많지 않은 수, 다른 수에 비해 큰 수 등이 있습니다.

※ 특이수 기준 활용법의 자세한 풀이은 *injeok.com* 온라인 강의에서 배우실 수 있습니다.

예제 8-1　다음 도형에서 일정한 규칙을 찾아 물음표에 들어갈 수 있는 알맞은 수를 고르시오.

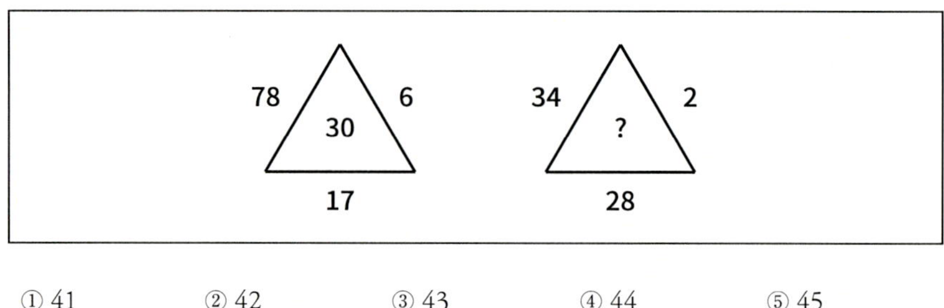

① 41　　② 42　　③ 43　　④ 44　　⑤ 45

정답 및 풀이　답 | ⑤ 45

$(30 - 17) \times 6 = 78$
$(? - 28) \times 2 = 34$
$? = 45$

Advice. 수추리 문제를 반복적으로 풀다 보면 간혹 속임수 문제가 나옵니다. 예로는 도형 안에 배치되어 있더라도 관계추리 문제가 아닌 수열추리 문제인 경우도 있습니다. 항상 추리 문제는 연산력보다는 추리력을 활용하여 풀도록 설계되어 있다는 사실을 기억해야 합니다.

예제 8-2　다음 도형에서 일정한 규칙을 찾아 물음표에 들어갈 수 있는 알맞은 수를 고르시오.

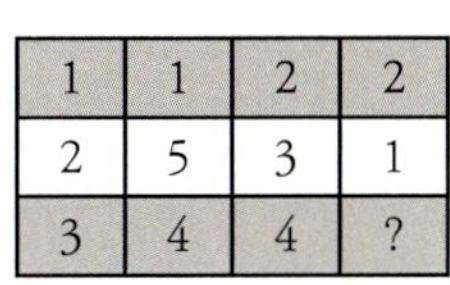

1	1	2	2
2	5	3	1
3	4	4	?

　① 1　　　　② 2　　　　③ 3　　　　④ 4　　　　⑤ 5

정답 및 풀이　답 | ⑤ 5

1↓	1→	2↓	2
2↓	5↑	3↓	1↑
3→	4↑	4→	?↑

1, 2, 3, 4, 5가 반복되는 수열이다.

유형 연습 문제

1 다음 도형에서 일정한 규칙을 찾아 물음표에 들어갈 수 있는 알맞은 수를 고르시오.

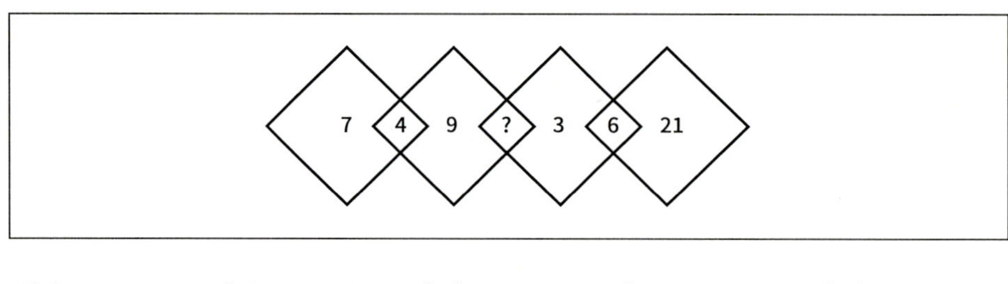

① 2   ② 3   ③ 4   ④ 5   ⑤ 6

2 다음 도형에서 일정한 규칙을 찾아 물음표에 들어갈 수 있는 알맞은 수를 고르시오.

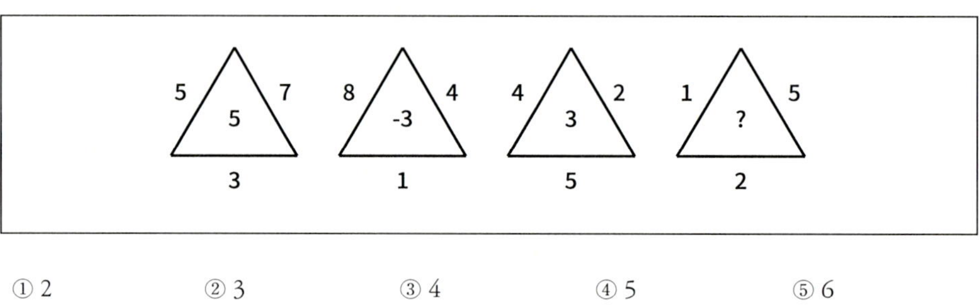

① 2   ② 3   ③ 4   ④ 5   ⑤ 6

3 다음 도형에서 일정한 규칙을 찾아 A + B의 값을 고르시오.

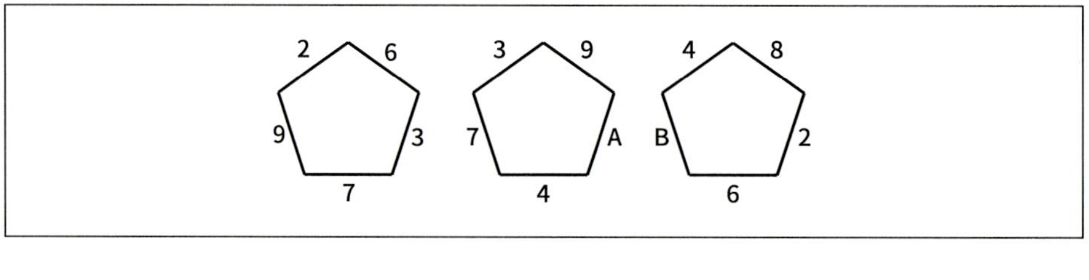

① 11   ② 12   ③ 13   ④ 14   ⑤ 15

4 다음 도형에서 일정한 규칙을 찾아 물음표에 들어갈 수 있는 알맞은 수를 고르시오.

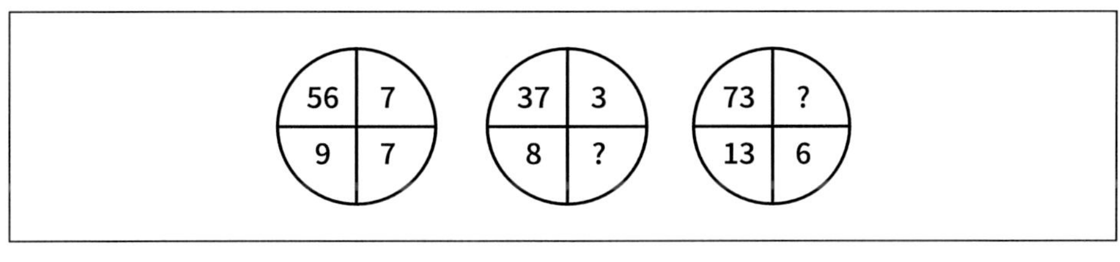

① 4   ② 5   ③ 6   ④ 7   ⑤ 8

5 다음 도형에서 일정한 규칙을 찾아 물음표에 들어갈 수 있는 알맞은 수를 고르시오.

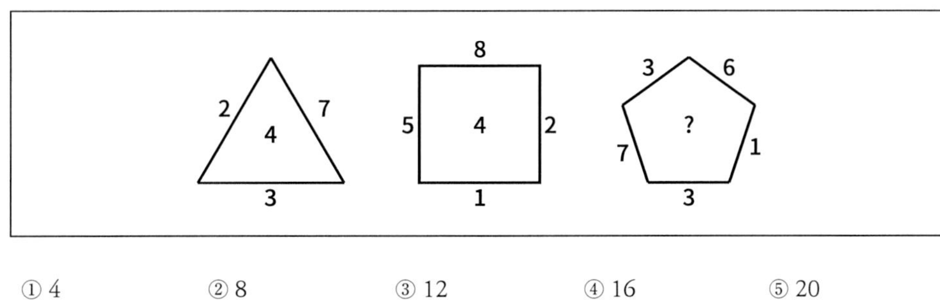

① 4   ② 8   ③ 12   ④ 16   ⑤ 20

6 다음 도형에서 일정한 규칙을 찾아 물음표에 들어갈 수 있는 알맞은 수를 고르시오.

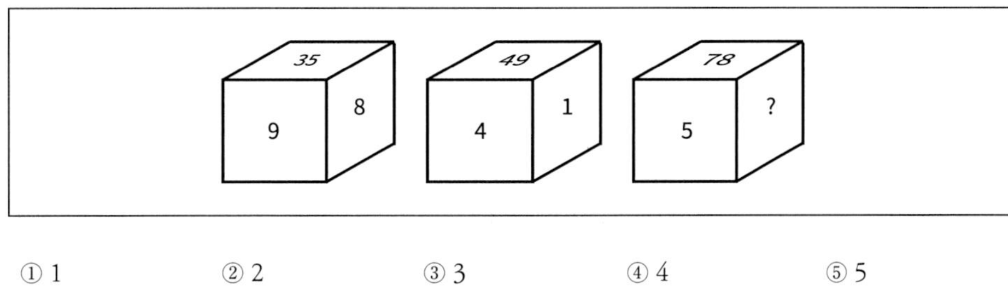

① 1   ② 2   ③ 3   ④ 4   ⑤ 5

7 다음에서 일정한 규칙을 찾아 물음표에 들어갈 수 있는 알맞은 수를 고르시오.

> 7, 5, 2, 4   5, 1, 2, 16   10, 7, 3, ?

① 1   ② 9   ③ 27   ④ 54   ⑤ 108

8 다음에서 일정한 규칙을 찾아 물음표에 들어갈 수 있는 알맞은 수를 고르시오.

> 16, 2, 4   13, 1, ?   20, 7, 3

① 2   ② 3   ③ 5   ④ 8   ⑤ 18

9 다음에서 일정한 규칙을 찾아 물음표에 들어갈 수 있는 알맞은 수를 고르시오.

> 3, 7, 1   5, 14, 4   4, 11, ?

① 2   ② 3   ③ 5   ④ 7   ⑤ 9

10 다음에서 일정한 규칙을 찾아 물음표에 들어갈 수 있는 알맞은 수를 고르시오.

> 3, 21, 4   4, 36, 5   2, ?, 7

① 18   ② 21   ③ 27   ④ 28   ⑤ 51

11 다음 도형에서 일정한 규칙을 찾아 물음표에 들어갈 수 있는 알맞은 수를 고르시오.

2	7	1
6	47	5
7	38	3
7	22	?

① 1   ② 3   ③ 5   ④ 7   ⑤ 9

12 다음 도형에서 일정한 규칙을 찾아 물음표에 들어갈 수 있는 알맞은 수를 고르시오.

10	4	4
2	5	101
16	17	11
5	4	?

① 1   ② 2   ③ 3   ④ 4   ⑤ 1

13 A, B, C, D, E가 모두 다른 숫자일 때, A, B, C, D, E의 어떤 값도 될 수 없는 것은?

$$
\begin{array}{r}
1\,A\,B\,C\,D\,E \\
\times \qquad\quad 3 \\
\hline
A\,B\,C\,D\,E\,1
\end{array}
$$

① 2   ② 4   ③ 5   ④ 6   ⑤ 8

14 다음의 수식이 만족할 때, A+B의 값은?

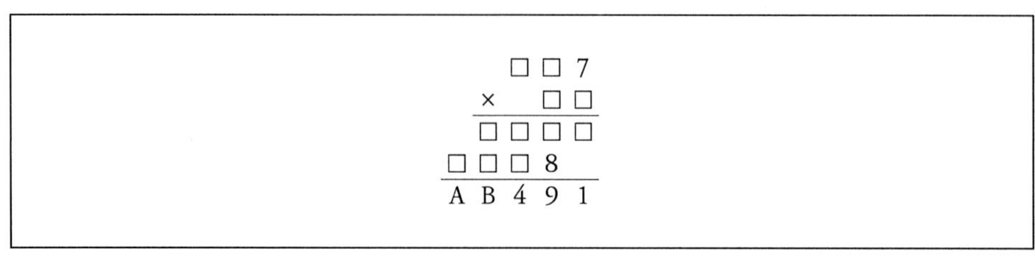

① 4   ② 5   ③ 6   ④ 7   ⑤ 8

15 다음의 수식이 만족할 때, A+B의 값은?

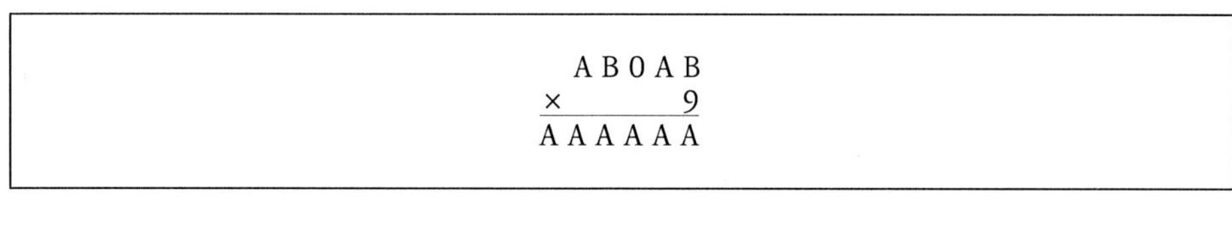

① 7   ② 9   ③ 10   ④ 13   ⑤ 16

유형 9 도식추리 암호해석

필승법 23 유사 형태 활용법
필승법 24 암호 복호화

도식추리는 기호가 나타내는 변환 공식을 빠르게 찾아내야 하는 유형입니다. 암호해독 테이블을 부록에서 제공하니 함께 학습하시기 바랍니다. 영문자의 순서, 한글 자모의 순서를 익혀놓는것도 이 유형에서는 많이 도움이 될 수 있습니다.

Advice. 도식추리 문제는 대단위의 채용을 하는 일부 대기업 인적성 평가에 필수적으로 출제됩니다. 각 기호가 가르키는 변환 공식을 알아내기 위해서는 우선적으로 변환 전후에 차이가 적거나 패턴이 유사한 부분을 찾아주어야 합니다.

예제 9-1 9-2   다음 도식을 보고 질문에 알맞은 답을 고르시오.

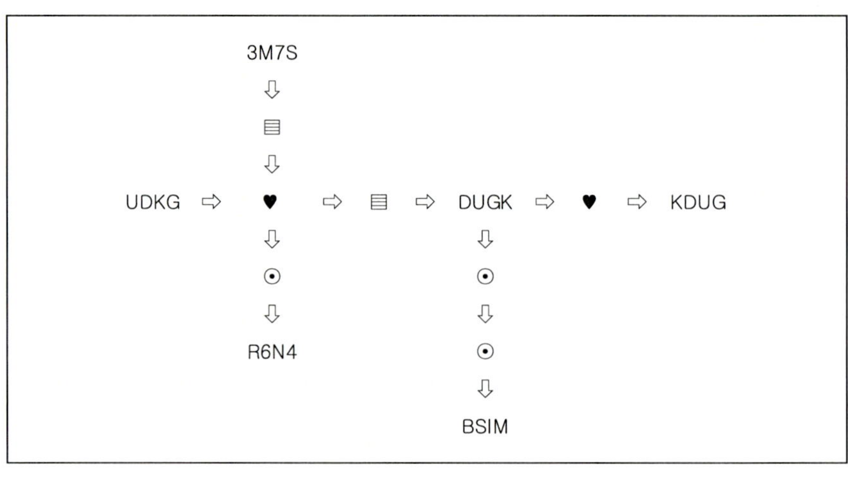

① D8H3   ② IC29   ③ 74EG   ④ 38DH   ⑤ 29IC

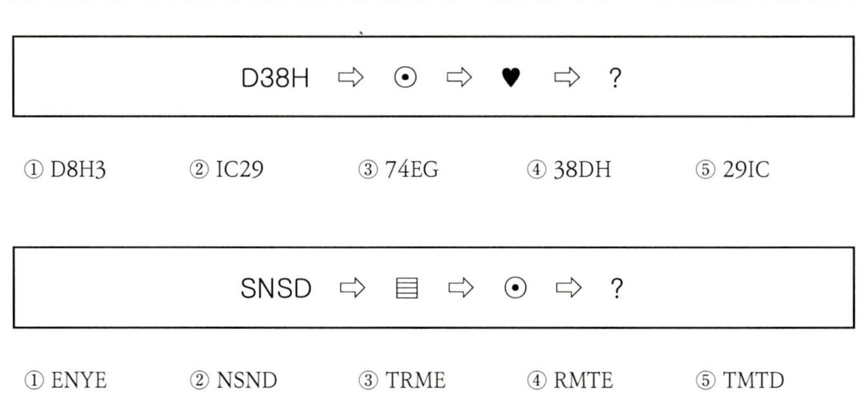

① ENYE   ② NSND   ③ TRME   ④ RMTE   ⑤ TMTD

정답 및 풀이   답 | ② IC29   ④ RMTE

Advice.   암호 해독 유형은 출제된 문구를 암호화 하는 것 보다 암호로 이루어진 보기 중 다른 일부분만을 복호화하는 것이 더 유리합니다. 또한, 알파벳 순서를 숫자로 바꾸는 형태는 자주 출제되니, 익혀 놓는 것도 시간을 단축시킬 수 있는 방법중 하나입니다.

※ 암호 테이블은 부록을 참고해 주시기 바랍니다.

예제 9-3 9-4   다음 암호 표를 보고. 제시된 단어를 숫자로 바르게 표기한 것을 고르시오.

ㄱ	ㄴ	ㄷ	ㄹ	ㅁ	ㅂ	ㅅ	ㅇ	ㅈ	ㅊ	ㅋ	ㅌ	ㅍ	ㅎ
00	01	02	03	04	05	06	07	08	09	10	11	12	13
ㅏ	ㅑ	ㅓ	ㅕ	ㅗ	ㅛ	ㅜ	ㅠ	ㅡ	ㅣ	ㅔ	ㅐ	ㅖ	ㅒ
14	15	16	17	18	19	20	21	22	23	24	25	26	27

인적성

---

① 07160108 1400061607
② 07230108 1400061607
③ 07230109 1600061607
④ 07230108 1600061607
⑤ 07160108 1600061607

암호해독

---

① 0714051318 1324021800
② 0714041319 1325021800
③ 0714041319 1324021800
④ 0714041318 1325021800
⑤ 0714051319 1324021800

정답 및 풀이   답 | ④ 07230108 1600061607   ④ 0714041318 1325021800

유형 연습 문제

(1-2) 다음 그림을 보고 규칙을 찾아 알맞은 답을 구하시오.

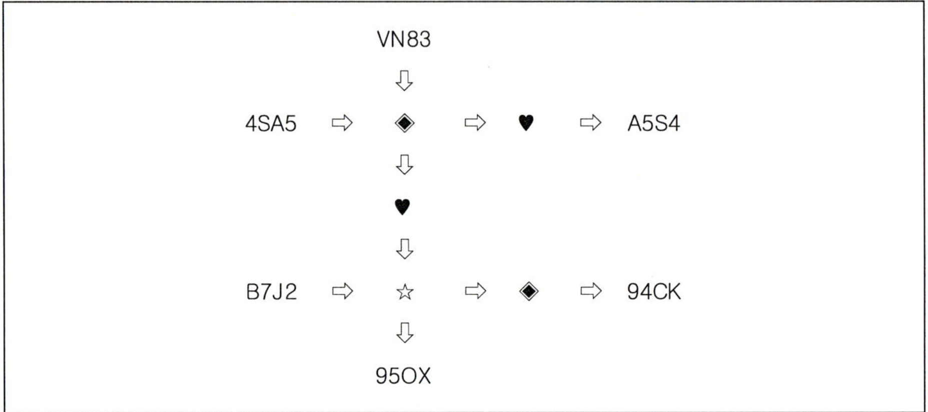

1 다음 그림에서 물음표에 들어갈 수 있는 알맞은 것은 무엇인가?

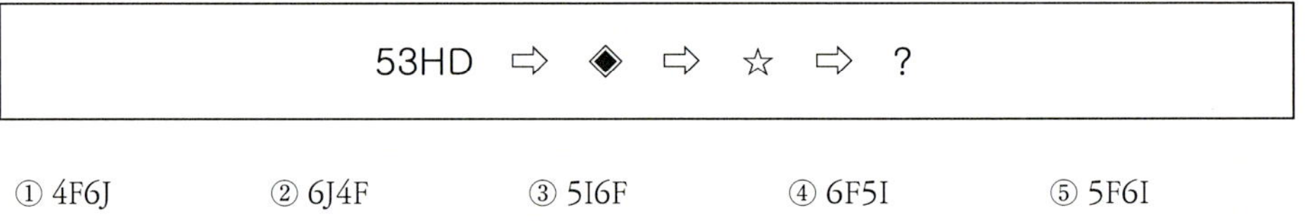

① 4F6J　　　② 6J4F　　　③ 5I6F　　　④ 6F5I　　　⑤ 5F6I

2 다음 그림에서 물음표에 들어갈 수 있는 알맞은 것은 무엇인가?

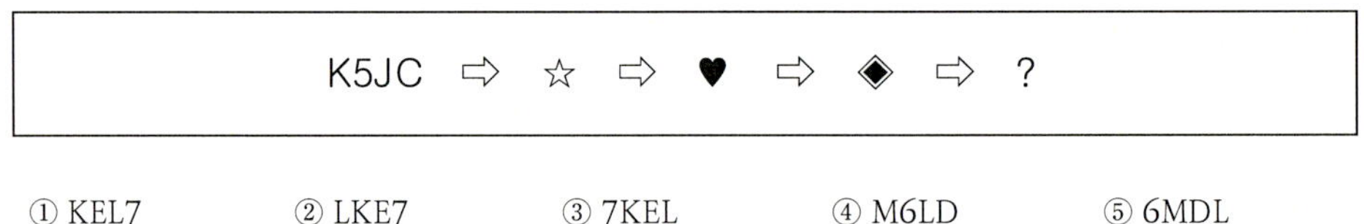

① KEL7　　　② LKE7　　　③ 7KEL　　　④ M6LD　　　⑤ 6MDL

 다음 그림을 보고 규칙을 찾아 알맞은 답을 구하시오.

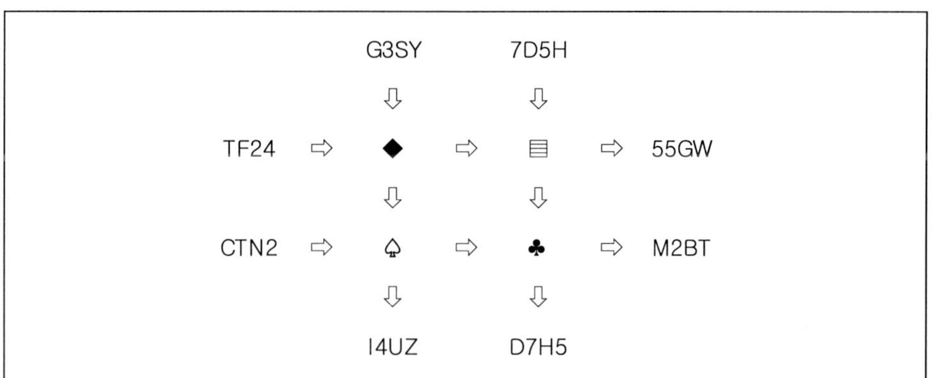

3 다음 그림에서 물음표에 들어갈 수 있는 알맞은 것은 무엇인가?

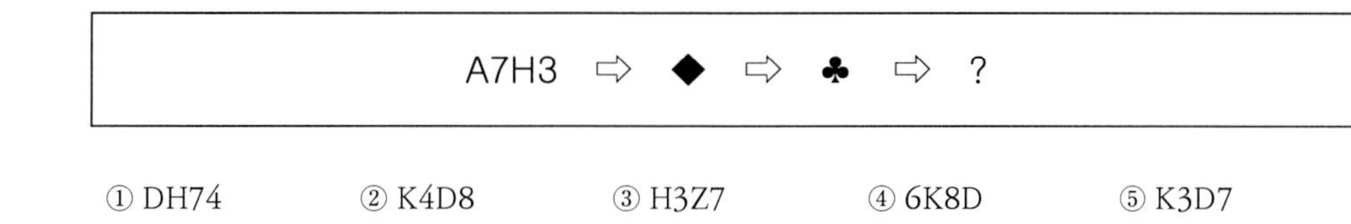

① DH74　　　② K4D8　　　③ H3Z7　　　④ 6K8D　　　⑤ K3D7

4 다음 그림에서 물음표에 들어갈 수 있는 알맞은 것은 무엇인가?

① SZI5　　　② TI5Y　　　③ JSZ4　　　④ 5YTI　　　⑤ Z4JS

5 아래 도식을 성립하도록 하는 도형은 각각 어떻게 되는가?

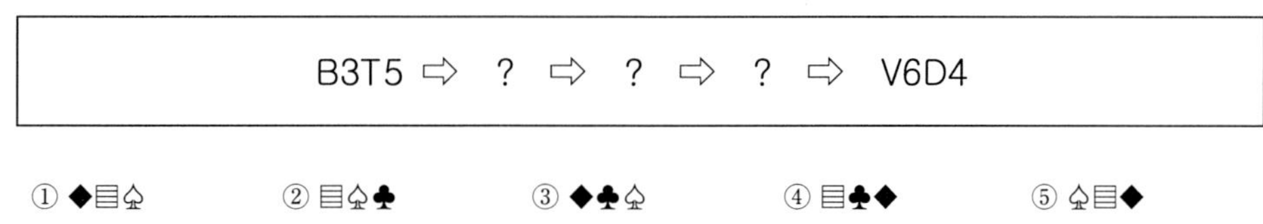

① ◆目♤　　　② 目♤♣　　　③ ◆♣♤　　　④ 目♣◆　　　⑤ ♤目◆

6 다음 그림을 보고 규칙을 찾아 출력되는 표의 왼쪽에서 첫 번째 칸의 모양을 구하시오.

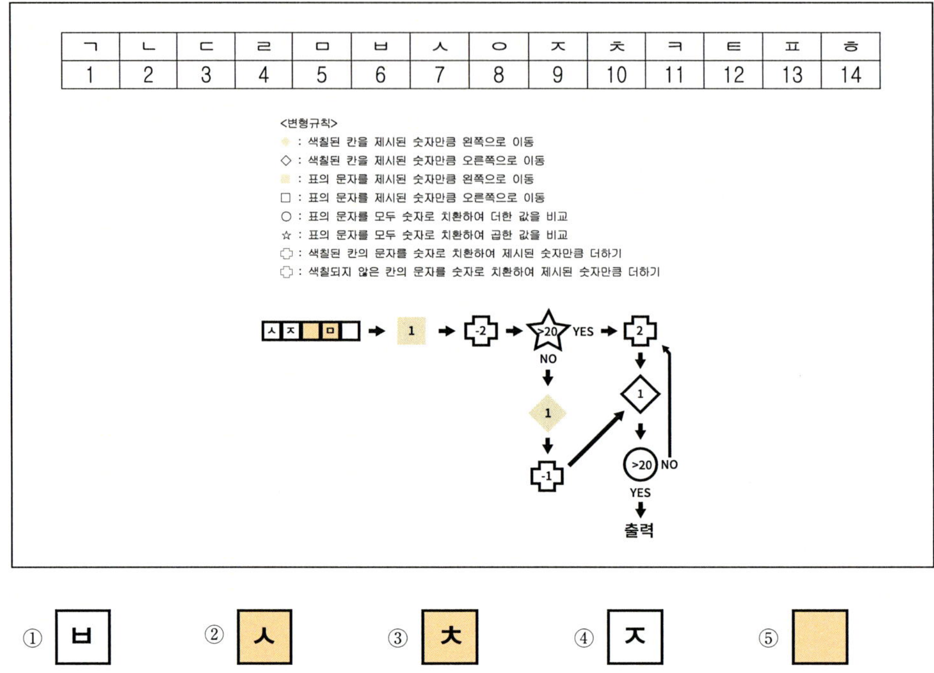

① ㅂ ② ㅅ ③ ㅊ ④ ㅈ ⑤

7 아래는 블록놀이의 도형규칙과 이동규칙에 해당한다. 주어진 입력블록과 출력블록의 모양을 보고 이동규칙의 순서로 바른 것을 고르시오.

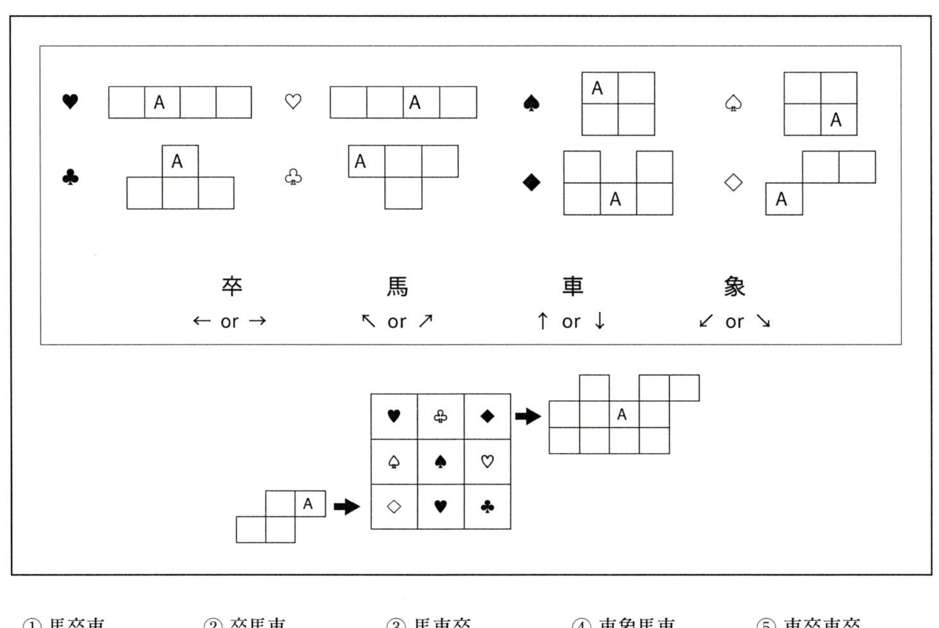

① 馬卒車　　② 卒馬車　　③ 馬車卒　　④ 車象馬車　　⑤ 車卒車卒

유형 10 언어추리 : 명제

인적닷컴 필승법의 가장 중요한 유형이라고 할 수 있는 명제 유형입니다. 인적닷컴에서 개발하여 유일하게 제공하는 명제 필승법을 이용하면 단 아홉 가지의 형식으로 모든 문제를 요약할 수 있습니다. 이 아홉가지의 문제 형식은 아주 간단한 필승법 공식으로 풀이됩니다.

Advice. 형식논리학 명사론의 개념을 응용해 인적성 논리 문제를 풀이하는데 필요한 부분을 공식화 하여 풀이시간을 최소화 할 수 있습니다. 인적닷컴에서 유일하게 제공하는 명제 필승법을 적용하기위해서는 우선 문장을 표준형으로 바꿀 수 있어야 합니다.

※ 명제 표준화의 자세한 방법은 *injeok.com* 온라인 강의에서 배우실 수 있습니다.

예제 10-1

아래 전제를 표준화 하시오.

[전제]
· 모든 한국인은 영국여행을 하지 않았다.
· 어떤 일본인은 러시아여행을 했다.
· 어떤 중국인은 미국여행을 하지 않았다.
· 중국인은 모두 영국여행을 했다.
· 일본인 중에 미국여행을 하지 않은 사람은 없다.
· 러시아여행을 하지 않은 한국인은 없다.
· 어떤 영국여행을 하지 않은 사람도 중국인은 아니다.
· 어떤 일본인도 영국여행을 하지 않았다.

정답 및 풀이

답 | · 모든 한국인은 영국여행을 한 사람이 아니다.
· 어떤 일본인은 러시아여행을 한 사람이다.
· 어떤 중국인은 미국여행을 한 사람이 아니다.
· 모든 중국인은 영국여행을 한 사람 이다.
· 모든 일본인은 미국여행을 한 사람이다.
· 모든 한국인은 러시아여행을 한 사람이다.
· 모든 중국인은 영국여행을 한 사람이다.
· 모든 일본인은 영국여행을 한 사람이 아니다.

Advice. 표준화를 통해 간단한 형태로 표현된 문장들은 공식을 활용해 자유자재로 결합이 가능합니다. 어려워 보이지만 결론을 낼 수 있는 명제 문제의 결합 형태는 단 9가지밖에 존재하지 않습니다. 이 9가지의 형태를 공식으로 암기한다면 모든 명제문제의 풀이가 가능합니다.

※ 명제 필승법의 자세한 풀이는 *injeok.com* 온라인 강의에서 배우실 수 있습니다.

예제 10-2

아래 전제를 읽고 반드시 참인 결론을 고르시오.

> [전제]
> · 어떤 취준생은 미생이다.
> · 모든 미생은 완생이 아니다.

① 어떤 미생은 완생이다.
② 모든 취준생은 완생이다.
③ 모든 미생은 취준생이다.
④ 어떤 취준생은 미생이 아니다.
⑤ 어떤 취준생은 완생이 아니다.

정답 및 풀이

답 | ⑤ 어떤 취준생은 완생이 아니다.

어떤 취준생은 미생이고, 모든 미생은 완생이 아니므로
어떤 취준생은 완생이 아니다.

필승법 적용 시,
X 취준생 미생 O + O 미생 완생 X

> **Advice.** 논리학에서 앞 명사와 후 명사를 모두 부정하고 순서를 바꾼 문장을 대우라고 합니다. 대우와 원 문장은 같은 의미이기 때문에 이를 적용하여 문제를 푸는 경우가 많습니다. 그러나 정확히 적용하지 않으면 오히려 정확한 답을 구하는데 어려움이 생깁니다.
>
> ※ 대우 활용법의 자세한 풀이는 *injeok.com* 온라인 강의에서 배우실 수 있습니다.

예제 10-3　　다음 결론을 반드시 참이 되게 하는 전제를 고르시오.

[전제]
· 선거권이 있는 사람이 모두 성인인 것은 아니다.
·

[결론]
· 선거권이 있는 어떤 사람은 투표를 하지 않는다.

---

① 투표를 하는 어떤 사람은 성인이다.
② 투표를 하는 모든 사람은 성인이 아니다.
③ 성인이 아닌 모든 사람은 투표를 하지 않는다.
④ 모든 성인은 투표를 하지 않는다
⑤ 성인 중 일부는 투표를 하지 않는다.

정답 및 풀이　　답 | ③ 성인이 아닌 모든 사람은 투표를 하지 않는다.

유형 연습 문제

1 다음 전제를 표준화 하시오.

[전제]
· 중국인 중에 영국여행을 한사람이 있다.
· 일본인 중에 미국여행을 한사람이 없다.
· 일본인 중에 미국여행을 안한사람이 없다.
· 일본인 중에 러시아여행을 안한사람이 있다.
· 모든 중국인이 러시아여행을 한 것은 아니다.
· 모든 일본인이 미국여행을 하지 않은 것은 아니다.
· 영국여행을 가지 않은사람 중에 한국인은 없다.

2 다음 전제를 가지고 이끌어 낼 수 있는 각각의 결론을 구하시오.

[전제] (1)
· 모든 A는 B다.   · 모든 B는 C다.

[전제] (2)
· 모든 A는 B다.   · 모든 B는 C가 아니다.

[전제] (3)
· 어떤 A는 B다.   · 모든 B는 C다.

[전제] (4)
· 어떤 A는 B다.   · 모든 B는 C가 아니다.

[전제] (5)
· 모든 A는 B가 아니다.   · 모든 B는 C다.

[전제] (6)
· 모든 A는 B가 아니다.   · 어떤 B는 C다.

3 다음 전제를 읽고 반드시 참인 결론을 고르시오.

> [전제]
> ・어떤 동물도 고기를 먹지 않는다.
> ・모든 사람은 동물이다.

① 어떤 사람은 고기를 먹는다.
② 모든 사람은 고기를 먹는다.
③ 어떤 사람도 고기를 먹지 않는다.
④ 사람 중에는 고기를 먹는 사람이 있다.
⑤ 고기를 먹는 것은 모두 사람이다.

4 다음 전제를 읽고 반드시 참인 결론을 고르시오.

> [전제]
> ・영국에 간 사람 중에는 프랑스에 간 사람도 있다.
> ・프랑스에 간 사람은 모두 독일에 갔다.

① 영국에 간 사람중에 독일에 간 사람도 있다.
② 독일에 간 사람중에 영국에 간 사람은 없다.
③ 모든 독일에 간 사람은 프랑스에 가지 않았다.
④ 어떤 독일에 간 사람은 영국에 가지 않았다.
⑤ 프랑스에 간 어떤 사람은 독일에 가지 않았다.

5 다음 전제를 가지고 이끌어 낼 수 있는 각각의 결론을 구하시오.

> [전제] (1)
> ・모든 B는 A다.　　　・모든 B는 C다
>
> [전제] (2)
> ・모든 B는 A다.　　　・어떤 B는 C가 아니다.
>
> [전제] (3)
> ・모든 A는 B다.　　　・어떤 C는 B가 아니다.

6 다음 결론을 반드시 참이 되게 하는 전제를 고르시오.

> [전제]
> · A를 좋아하지 않는 사람은 모두 B를 좋아하지 않는다.
> · _______________________________________
>
> [결론]
> · C를 좋아하는 사람은 A를 좋아한다.

① B를 좋아하는 어떤 사람은 C를 좋아하지 않는다.
② B를 좋아하는 어떤 사람은 C를 좋아한다.
③ C를 좋아하는 어떤 사람은 B를 좋아하지 않는다.
④ C를 좋아하는 모든 사람은 B를 좋아하지 않는다
⑤ C를 좋아하는 모든 사람은 B를 좋아한다.

7 다음 결론을 반드시 참이 되게 하는 전제를 고르시오.

> [전제]
> · A를 좋아하는 사람은 모두 B를 좋아하는 건 아니다.
> · _______________________________________
>
> [결론]
> · A를 좋아하는 어떤 사람은 C를 좋아하지 않는다.

① C를 좋아하는 모든 사람은 B를 좋아한다.
② C를 좋아하는 모든 사람은 B를 좋아하지 않는다
③ C를 좋아하는 어떤 사람은 B를 좋아하지 않는다.
④ B를 좋아하는 어떤 사람은 C를 좋아한다.
⑤ B를 좋아하는 어떤 사람은 C를 좋아하지 않는다.

유형 11 언어추리 :
논리

필승법 28 명제 유사문제
필승법 29 거짓말 문제

명제 유형에서 나온 공식을 활용하여 응용문제와 명제 유사문제를 풀어보도록 하겠습니다. 또한, 거짓말을 한 사람을 구하는 문제 혹은 한 사람이 거짓말을 하고 있을 때 등 거짓말을 활용한 언어 논리 문제를 다루어보겠습니다.

Advice.　9가지 공식에 해당하지 않는 문제는 명제 유사문제라고 볼 수 있습니다. 이러한 문제는 한 개의 전제가 문제 풀이에 사용되지 않는 등 기본적인 원칙에서 벗어나기 때문입니다. 이런 경우엔 논리적으로 풀이한 결론이 아닌 공식을 활용해 단순히 참인 문장을 찾아주어야 합니다. 논리학적으로 불완전한 문제이므로 출제 빈도는 낮으나 알아둘 필요는 있는 부분입니다.

※ 명제 유사문제의 자세한 풀이는 *injeok.com* 온라인 강의에서 배우실 수 있습니다.

예제 11-1　　다음 전제를 읽고 반드시 참인 결론을 고르시오.

[전제]
· 인적닷컴 강의를 들은 사람은 모두 취업에 성공했다.
· 모든 공대생은 인적닷컴 강의를 들었다.

① 취업에 성공한 사람은 모두 공대생이다.
② 어떤 공대생은 취업에 성공하지 못했다.
③ 취업에 성공한 어떤 사람은 공대생이다.
④ 인적닷컴 강의를 들은 모든사람은 공대생이다.
⑤ 취업에 실패한 어떤 사람은 인적닷컴 강의를 들었다.

정답 및 풀이　　답 | ③ 취업에 성공한 어떤 사람은 공대생이다.

Advice.　여러 명의 사람 중 거짓말을 하는 사람을 찾는 문제의 경우, 모순이 있는 두 사람을 먼저 찾아주면 쉽게 해결됩니다. 특히 '타인을 지목하여 거짓말을 한다고 하는 사람'과 '지목받은 사람'이 동시에 있다면 둘 중 하나는 거짓말을 하는 사람이 될 수밖에 없습니다.

예제 11-2　　다음 글을 읽고 똘기, 떵이, 호치, 새초미. 네 사람 중 컨닝을 한 사람을 고르시오.

> · 호치는 본인이 컨닝하지 않았다고 말했다.
> · 떵이는 똘기와 호치가 진실을 말한다고 했다.
> · 새초미는 똘기가 거짓말을 하고 있다고 했다.
> · 똘기는 새초미가 컨닝을 했다고 말했다.
> · 컨닝을 한 사람은 한 명이며 그 사람만이 거짓말을 하고 있다.

① 똘기　　　　② 떵이　　　　③ 호치　　　　④ 새초미　　　　⑤ 알 수 없다.

정답 및 풀이　　답 |　④ 새초미

필승법 적용 시, 모순되는 문장을 말하고 있는 떵이와 새초미, 똘기와 새초미 중에 각각 한명씩은 거짓말을 하고 있다. 거짓말을 하는 사람은 한 명이므로, 새초미가 컨닝을 했음을 알 수 있다.

유형 연습 문제

1 다음 전제를 가지고 이끌어 낼 수 있는 각각의 결론을 구하시오.

> [전제] (1)
> · 모든 B는 A가 아니다.　　· 어떤 C는 B다.
>
> [전제] (2)
> · 모든 B는 A가 아니다.　　· 어떤 B는 C다.
>
> [전제] (3)
> · 모든 A는 B가 아니다.　　· 어떤 C는 B다.

2 다음 결론을 반드시 참이 되게 하는 전제를 고르시오.

> [전제]
> · 논어를 읽은 사람은 모두 손자병법을 읽었다.
> · ____
>
> [결론]
> · 해리포터를 읽은 사람중에 논어를 읽은 사람이 있다.

① 해리포터를 읽은 사람은 손자병법을 읽지 않았다.
② 손자병법을 읽은 어떤 사람도 해리포터를 읽었다.
③ 해리포터를 읽지 않은 모든 사람이 손자병법을 읽은건 아니다.
④ 손자병법을 읽은 어떤 사람이 해리포터를 읽었다.
⑤ 손자병법을 읽은 사람은 모두 논어를 읽지 않았다.

3 다음 전제를 읽고 반드시 참인 결론을 고르시오.

> [전제]
> · 어떤 것은 사람이면서 식물이다.
> · 어떤 사람은 동물이 아니다.
> · 모든 식물은 동물이다.

① 어떤 식물은 동물인 사람이다.
② 동물이면서 식물인 것은 사람이다.
③ 동물은 모두 식물이다.
④ 모든 사람과 식물은 동물이다.
⑤ 사람은 모두 동물이 아니다.

4 다음 전제를 읽고 결론이 참인지 거짓인지 알 수 없는지 고르시오.

> [전제]
> · 게임을 하는 사람은 드라마를 보지 않는다.
> · 드라마를 보지 않는 사람은 게임을 한다.
> · 책을 보는 사람은 드라마를 보지 않는다.
>
> [결론]
> · 게임을 하지 않는 사람은 책을 보지 않는다.

① 참   ② 거짓   ③ 알 수 없음

5 다음 결론을 반드시 참이 되게 하는 전제를 고르시오.

> [전제]
> · 모든 사과는 배다.
> · 모든 사과는 참외다.
> · 모든 귤은 참외가 아니다.
> · 어떤 귤은 배다.
> · 어떤 토마토는 배가 아니다.

① 어떤 귤은 토마토다.
② 모든 참외는 귤이다.
③ 어떤 배는 참외다.
④ 모든 사과는 토마토가 아니다.
⑤ 모든 배는 귤이 아니다.

6 아래 조건을 보고 A가 "최소한 우리 둘 중 한사람은 거짓말쟁이다"라고 할 때, 사실인 것은?

> · 거짓말쟁이는 항상 거짓만 말하고 참말쟁이은 항상 진실만 말한다.
> · A, B는 거짓말쟁이 혹은 참말쟁이다.

① A와 B 모두 참말쟁이다.
② A와 B 모두 거짓말쟁이다.
③ A는 참말쟁이이고 B는 거짓말쟁이다.
④ A는 거짓말쟁이고 B는 참말쟁이다.
⑤ 알 수 없다.

7 다음 전제를 읽고 결론이 참인지 거짓인지 알 수 없는지 고르시오.

> [전제]
> · 어떤 게임을 하는 사람은 드라마를 보지 않는다.
> · 영화를 보지 않는 사람은 게임을 한다.
>
> [결론]
> · 드라마를 보는 사람은 영화를 보지 않는다.

① 참   ② 거짓   ③ 알 수 없음

유형 12 언어추리 : 배치 편성

필승법 30 보기 소거법
필승법 31 결과 요약법

여러 명의 사람 혹은 물건을 배치하거나 편성하는 문제입니다. 순서를 정하는 등 일렬 배치, 여러 개의 칸 중에 배치하는 2차원 배치, 조건이 한가지가 아니라 여러가지인 경우 등 다양한 문제를 유형별로 풀어보겠습니다. 이 유형도 마찬가지로 기업에서 실제로 쓰이는 유형으로 직무능력을 평가하는 데 사용되기도 한다는 점을 기억해야 하겠습니다.

Advice. 보기가 배치 혹은 편성의 결과로 주어지는 문제의 경우 어떻게 배치되는지 구하는 것보다 조건과 일치하지 않는 보기를 제외해주는 방식으로 문제를 풀면 빠르게 해결이 가능합니다.

예제 12-1 스터디원 A, B, C, D, E, F 는 번갈아 가면서 일주일씩 조장을 맡기로 하였다. 다음 주어진 조건을 읽고 순서로 알맞은 것을 고르시오.

> · A와 C는 연속으로 조장을 맡는다.
> · C,D,E는 서로 연속으로 조장을 맡지 않는다.
> · A와 E는 연속으로 조장을 맡지 않는다.

① C-A-D-F-E-B   ② C-D-F-A-B-E   ③ D-A-C-B-F-E
④ C-F-A-E-B-D   ⑤ C-F-D-A-B-E

정답 및 풀이 답 | ① C-A-D-F-E-B

Advice.　보기가 조건으로 주어지는 문제의 경우에 각 보기를 넣어 완성되는지 확인하는 것 보다, 주어진 조건으로 적당히 배치 혹은 편성의 결과를 간단히 요약해 놓고 보기와 맞추어 보는 것이 더 유리합니다.

※ 결과 요약법의 자세한 풀이는 *injeok.com* 온라인 강의에서 배우실 수 있습니다.

예제 12-2　　사과, 참외, 복숭아, 파인애플, 수박, 딸기 여섯 개의 과일을 먹으려고 한다. 아래의 조건을 고려하여 과일을 먹을 때 항상 참인 것은?

> · 복숭아는 홀수 번째에 먹는다. 단, 첫 번째는 아니다.
> · 수박은 참외 다음다음 순서에 먹는다.
> · 파인애플은 참외보다 먼저 먹는다.

① 파인애플은 첫 번째로 먹는다.
② 복숭아는 참외보다 먼저 먹는다
③ 복숭아를 다섯 번째로 먹었을 때, 마지막으로 먹을 가능성이 있는 과일은 세 종류다.
④ 수박은 파인애플보다 먼저 먹는다
⑤ 복숭아는 참외 바로 다음에 먹는다

정답 및 풀이　　답 | ③ 복숭아를 다섯 번째로 먹었을 때, 마지막으로 먹을 가능성이 있는 과일은 세 종류다.

유형 연습 문제

1 아래 조건을 통해 A, B, C, D, E 중 두 번째로 나이가 많은 사람을 고르시오.

> · A는 B와 C보다 나이가 많다.
> · C는 세번째로 나이가 많다.
> · D는 E보다 나이가 많고, B보다 어리다.

① A   ② B   ③ C   ④ D   ⑤ E

2 도시 A, B, C, D, E, F를 여행하려고 한다. 아래의 조건을 고려하여 여행할 때 다섯 번째로 여행하는 도시는?

> · F보다 늦게 여행하는 도시가 최소 2개있다.
> · E는 일정 앞쪽에 있다.
> · F는 A 바로 뒤에 여행한다.
> · D는 B보다는 나중에, C보다는 먼저 여행한다.

① A   ② B   ③ C   ④ D   ⑤ E

3 A, B, C, D, E, F가 일렬로 서 있다. 아래의 진술이 모두 참이라고 할 때, 왼쪽에서 두 번째에 서 있는 사람은?

> · A : 나는 E보다는 오른쪽에 있어.
> · B : 나는 C와 서로 붙어있어.
> · C : 나는 D보다는 오른쪽에 있어.
> · D : 내 양 옆에는 사람이 있어.
> · E : 나는 D와 떨어져있어.
> · F : 나는 가장 오른쪽에 있어.

① A   ② B   ③ C   ④ D   ⑤ E

4 A, B, C, D, E, F 6명이 휴가의 순서를 정하려고 한다. 아래의 조건을 고려하여 가능한 경우의 수 중 뽑기로 정한다고 했을 때. A가 네 번째로 휴가를 떠날 확률은?

> · B와 C는 연달아 휴가를 떠난다.
> · E는 B보다 휴가를 먼저 떠난다.
> · C와 D의 사이에는 2명이 휴가를 떠난다.
> · C는 순서는 중간보다 앞쪽이다.

① 1/4　　② 1/3　　③ 1/2　　④ 2/3　　⑤ 3/4

5 A, B, C, D, E가 달리기를 했다. 아래의 조건을 고려하였을 때, 옳지 않은 것은?

> · B는 D보다 빨리 들어왔다.
> · E는 A와 D보다 늦게 들어왔다.
> · C는 중간으로 들어왔다.

① D는 2등 아니면 4등이다.
② E는 꼴등으로 들어왔다.
③ B는 1등 아니면 2등이다.
④ B는 A보다 먼저 들어왔다.
⑤ B는 C보다 먼저 들어왔다.

6 여섯 명이 원탁에 둘러앉아 토론을 하고 있다. 3명의 찬성팀 A, B, C와 3명의 반대팀 D, E, F가 아래의 조건에 따라 앉아있을 때, 항상 옳은 것은?

> · E의 양 옆에는 찬성팀이 앉아있다.
> · C의 오른쪽 두 번째에는 D가 앉아있다.
> · A와 B는 인접하지 않다.

① A는 C의 맞은편에 있다.
② E가 C옆에 인접할 확률은 75%이다.
③ F는 D의 왼쪽에 앉아있다.
④ D는 E의 맞은편에 있다.
⑤ C의 양 옆에는 찬성팀과 반대팀이 각각 한 명씩 앉아있다.

7 신입사원 A, B, C, D, E, F, G는 월요일부터 금요일까지 봉사활동을 하려고 한다. 아래의 조건을 고려하여 봉사활동을 할 때 가능한 순서를 고르시오.

> · 하루에 최소 1명, 최대 2명까지 봉사활동을 한다.
> · D는 혼자 봉사활동을 한다.
> · G보다 먼저 봉사활동을 한 사람은 최소 1명이다.
> · F는 B보다 하루 먼저 봉사활동을 했다.
> · A는 누군가와 함께 봉사활동을 했다.

① CE-D-G-AF-B

② C-DG-AF-B-E

③ G-AC-F-BE-D

④ CF-D-AE-B-G

⑤ CE-DF-B-A-G

8 A, B, C, D, E, F, G, H 여덟 명은 4층짜리 건물에 살고 있다. 아래의 조건이 모두 참이라고 할 때 3층에 살 수 없는 사람은?

> · 한 층엔 최대 세 명이 살고 있다.
> · F는 혼자서 한 층에 살고 있고, 그 위층에 E가 살고 있다.
> · B는 4층에 살고 있다.
> · G는 D와 같은 층에 살고 있고, A와는 다른 층에 살고 있다.
> · A가 2층에 살고 총 두 명이 살고 있다.
> · C는 H보다 위쪽에 살고 있다.

① C   ② D   ③ F   ④ G   ⑤ H

9 신입사원 교육을 진행하려고 한다. A, B, C, D 네 과목을 하루에 한 과목씩, 월요일부터 금요일까지 5일에 걸쳐 진행한다. 아래의 조건에 따라 교육할 때 금요일의 과목 순서는?

> · 연속된 요일 같은 시간에는 같은 과목을 교육 할 수 없다.
> · 화요일과 금요일 1교시에는 같은 과목을 교육한다.
> · 월요일과 목요일 1교시에는 같은 과목을 교육한다.
> · 수요일 1교시에는 D 과목을 교육한다.
> · 목요일에는 B-C-A-D 순서로 교육한다.
> · 1교시에 배정되지 않은 과목은 화, 금요일 2교시에 교육한다.

① D-A-C-B   ② D-B-C-A   ③ C-A-D-B   ④ A-B-D-C   ⑤ C-D-B-A

A, B, C, D는 추석 연휴 3일 동안 돌아가면서 당직을 선다. 보일러실, 경비실, 응급실, 데스크에서 아래의 조건에 따라 근무할 때, 항상 거짓인 것을 고르시오.

> · A, B, C, D는 같은 장소에서 이틀 연속 근무하지 않았다.
> · 경비실에서 근무한 사람은 다음 날 데스크에서 근무했다.
> · 응급실에서 근무한 사람은 다음 날 경비실에서 근무하지 않았다.
> · 둘째 날에 A는 경비실에서, D는 응급실에서 근무했다.
> · 둘째 날에 데스크에서 근무한 사람은 셋째 날 경비실에서 근무했다.

① B는 둘째 날에 보일러실 또는 데스크에서 근무했다.
② A는 첫째 날에 보일러실에서 근무했다.
③ C는 첫째 날에 경비실에서 근무했다.
④ B는 셋째 날에 경비실에서 근무하지 않았다.
⑤ D는 셋째 날에 보일러실에서 근무하지 않았다.

여덟 종류의 과일을 네 종류씩 두 바구니에 나누어 팔려고 한다. 다음의 조건을 만족시킬 때 한 바구니에 들어갈 수 있는 조합은?

> · 과일은 딸기, 바나나, 수박, 참외, 오렌지, 복숭아, 배, 사과가 있다.
> · 배와 사과는 같은 바구니에 넣지 않는다.
> · 바나나는 딸기 또는 오렌지와 같은 바구니에 담겨야 한다.

① 딸기, 바나나, 사과, 배   ② 바나나, 수박, 참외, 배   ③ 오렌지, 복숭아, 배, 사과
④ 참외, 오렌지, 복숭아, 사과   ⑤ 딸기, 오렌지, 복숭아, 사과

아래에 제시된 조건을 보고 항상 참인 것을 고르시오.

> · 1반 학생 가, 나, 다, 2반 학생 라, 마, 바, 3반 학생 사, 아, 자가 있다.
> - 이들을 4명씩 두 조로 나누고 남은 한 명은 심판을 보게 하려고 한다.
> - 각 조에는 각 반의 학생이 한 명이상 들어가야 한다.
> - 1반의 학생 중에 조장과 심판이 있다.
> - 라는 가와 같은 조이며 조장이다.
> - 조장은 같은 반의 학생과 같은 팀을 할 수 없다.

① 심판은 확실히 정해졌다.
② 조를 구성할 수 있는 경우의 수는 12가지이다.
③ 가는 2반 학생 두 명과 같은 조이다.
④ 마, 바, 사는 같은 조일 수 없다.
⑤ 아와 자가 같은 조라면 그 조의 조장은 2반 학생이다.

유형 13 공간지각 :
도형

필승법 32 대칭 공식
필승법 33 블록 층 분리법

공간지각능력은 점점 중요성이 커지고 있는 유형입니다. 게다가 개인의 실력 차이가 가장 큰 부분이기 때문에 합불을 가르는 데에 중요한 역할을 하고 있습니다. 인적닷컴에서는 공간지각을 최대한 공간지각능력을 사용하지 않고 공식화 혹은 간소화해서 푸는 방법을 제공합니다.

Advice. 도형의 대칭·회전 형태를 구하는 경우, 대칭과 회전을 연결해주는 공식을 활용해 최종 그림이 어떻게 나오는지 구할 수 있습니다.

※ 대칭 공식의 자세한 풀이는 *injeok.com* 온라인 강의에서 배우실 수 있습니다.

예제 13-1   다음 설명 중 나머지 네개와 다른 도형인 것을 구하시오. 단, 회전은 시계방향으로만 한다.

① X축 대칭 + Y축 대칭 + 90°회전
② 90°회전 + X축 대칭 + Y축 대칭
③ 270°회전
④ 원점 대칭 + 90°회전
⑤ Y축 대칭 + 90°회전 + X축 대칭

정답 및 풀이   답 | ⑤ Y축 대칭 + 90°회전 + X축 대칭

Advice. 블록더미를 1층 2층 3층 이런 식으로 나누어 생각해 주는 방법입니다. 일반적으로는 블록더미를 상상하여 풀어야 하지만, 각 층별로 블록의 수를 세어 준 후 맞는지 비교하여 풀면 공간지각력을 덜 사용하여 풀이가 가능합니다.

예제 13-2   검정색, 회색, 흰색 블록더미로 직육면체 모양을 만든 후 다음과 같이 분리하였다. 흰 블록의 분리된 형태로 알맞은 것은?

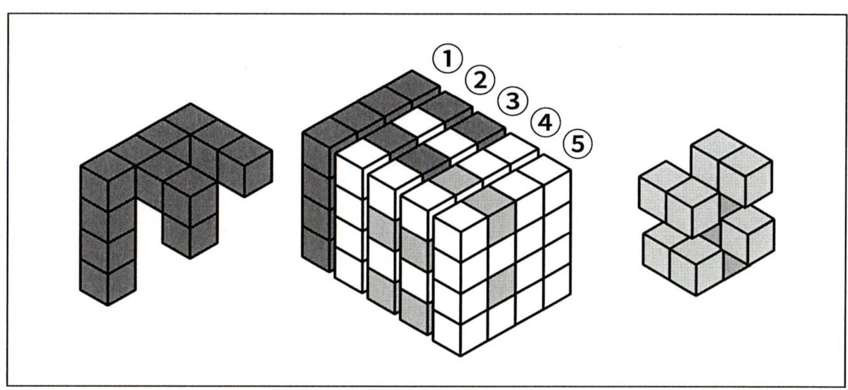

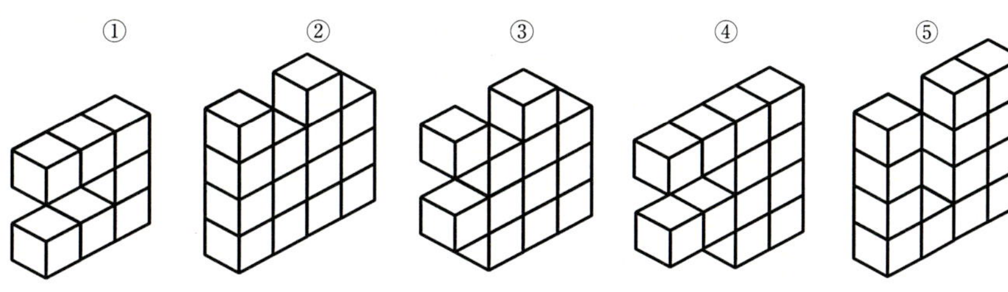

정답 및 풀이   답 | ②

유형 연습 문제

1 다음 도형을 시계방향으로 90° 회전 후, 원점으로 대칭, 다시 시계방향으로 90° 회전한 모양을 고르시오.

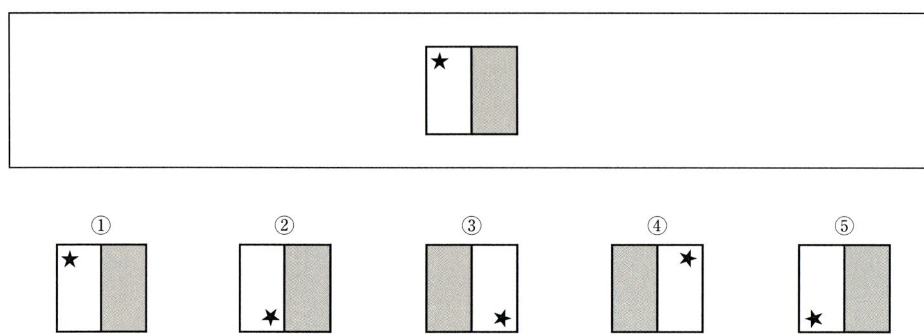

2 다음 도형에서 일정한 규칙을 찾아 빈칸에 들어갈 수 있는 알맞은 그림을 고르시오.

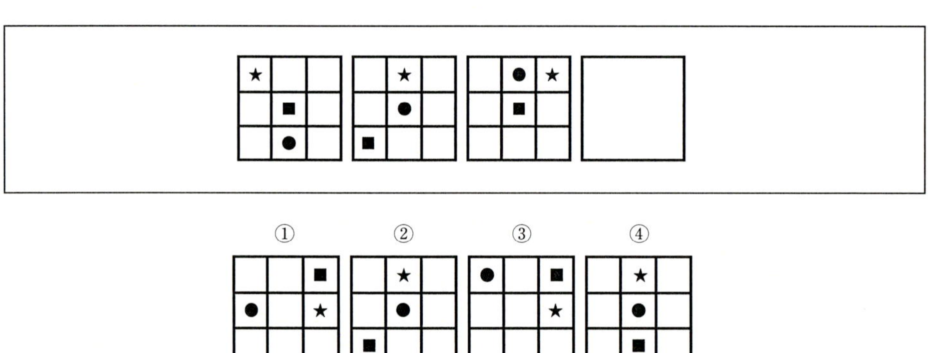

3 다음 도형에서 일정한 규칙을 찾아 빈칸에 들어갈 수 있는 알맞은 그림을 고르시오.

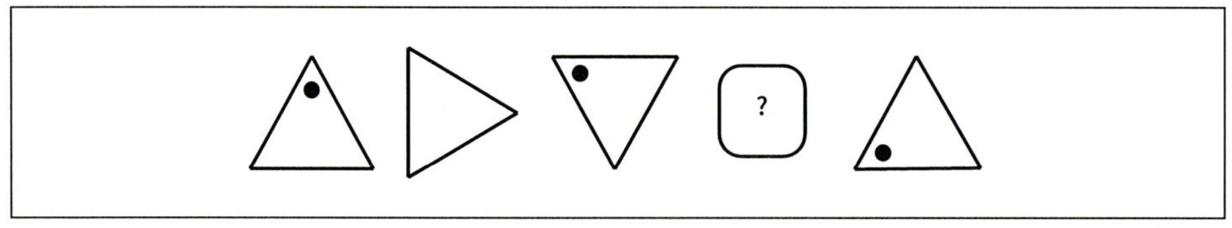

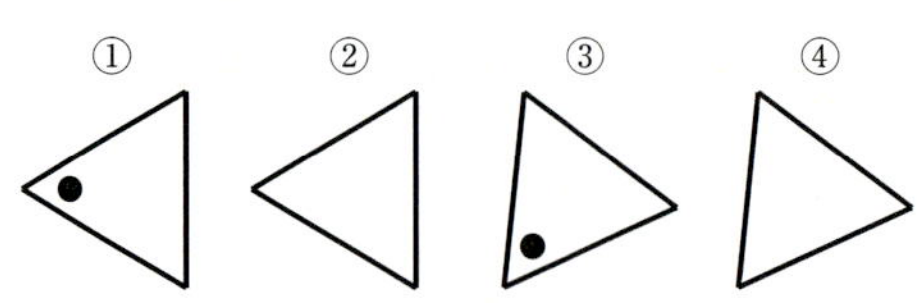

4 다음은 어떤 입체도형의 겨냥도이다. 아래에 제시된 겨냥도의 입체도형을 고르시오.

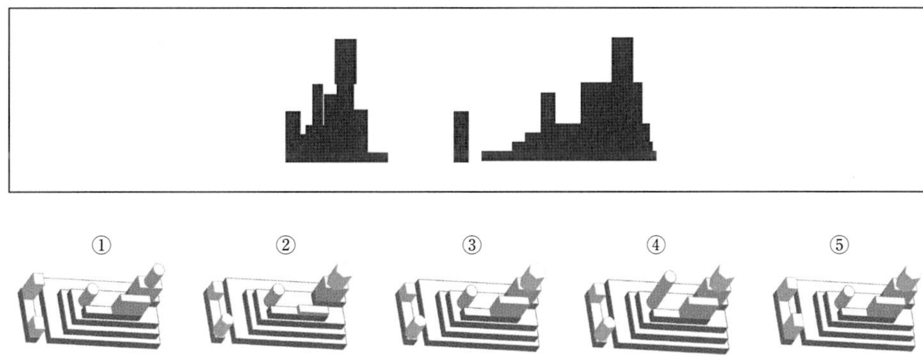

5 다음은 어떤 입체도형의 겨냥도이다. 아래에 제시된 겨냥도의 입체도형을 고르시오.

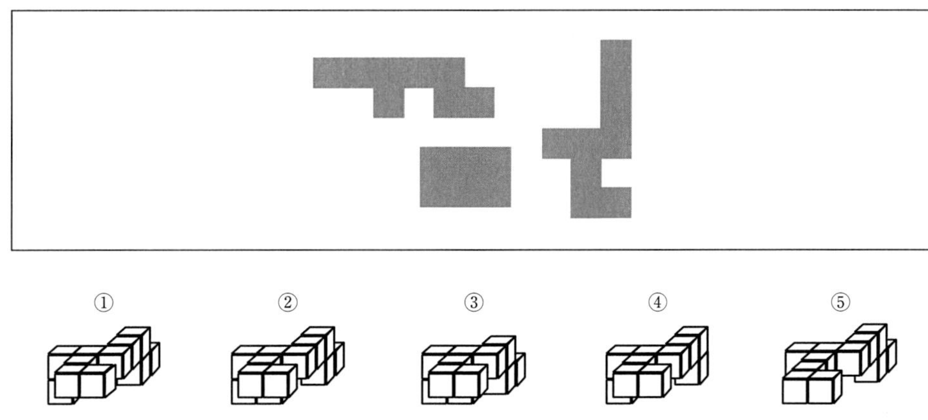

6 다음은 입체도형을 여러 방향에서 바라본 그림이다. 나머지 네 개와 다른 입체도형을 고르시오.

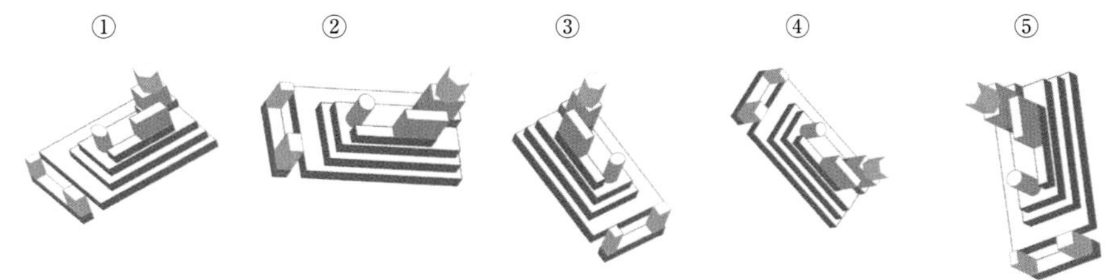

7 다음 중 블록의 개수가 다른 하나는?

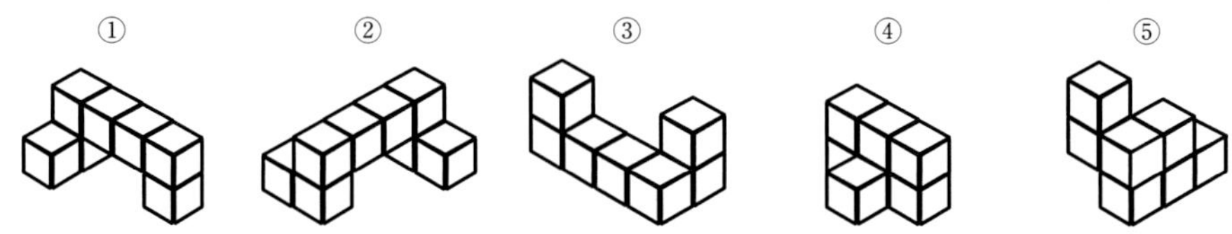

8 다음 직육면체 모양의 블록 더미가 있다 흰 블록은 최대 몇 개 인가?

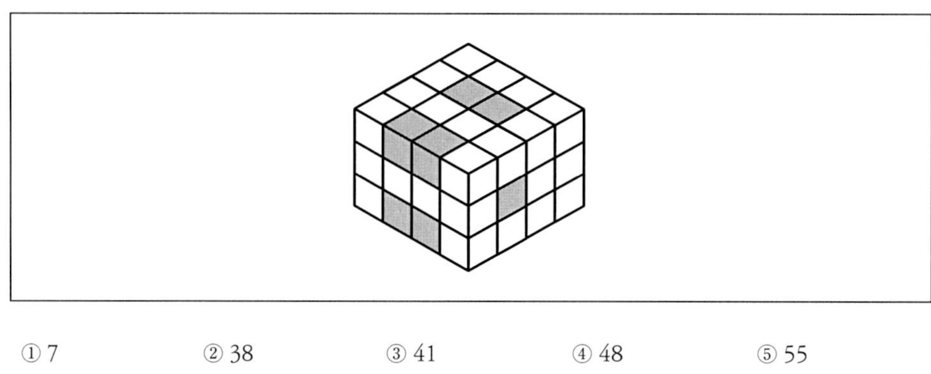

① 7 　　　② 38 　　　③ 41 　　　④ 48 　　　⑤ 55

9 검정색, 회색, 흰색 블록더미로 오른쪽과 같은 직육면체 모양을 만들었을 때, 흰 블록의 모양으로 알맞은 것은?

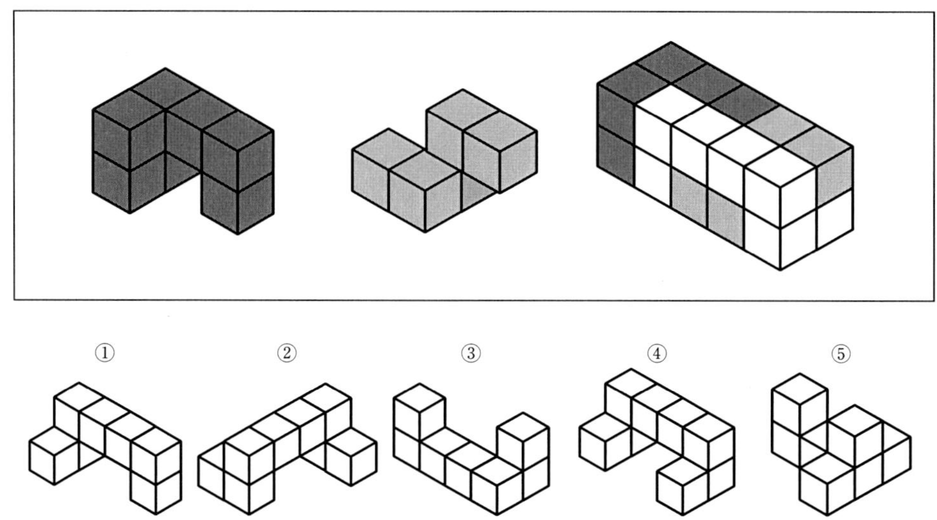

10 검정색, 회색, 흰색 블록더미로 오른쪽과 같은 직육면체 모양을 만들었을 때, 흰 블록의 모양으로 알맞은 것은?

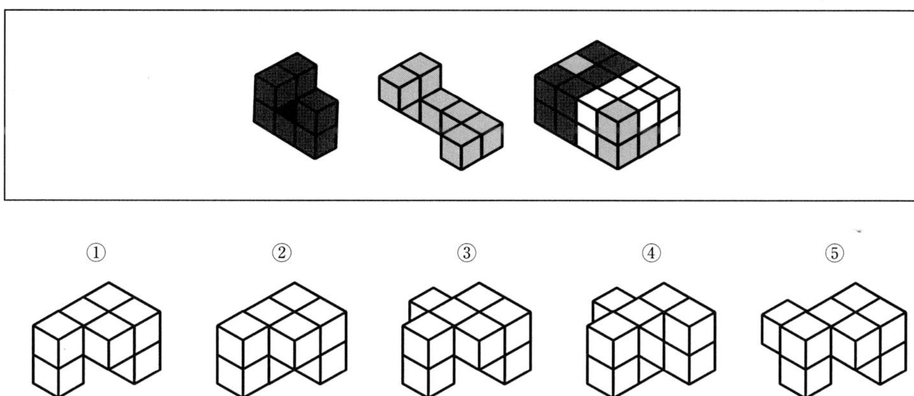

① ② ③ ④ ⑤

11 다음 두 개의 블록을 결합했을 때 나올수 있는 모양은?

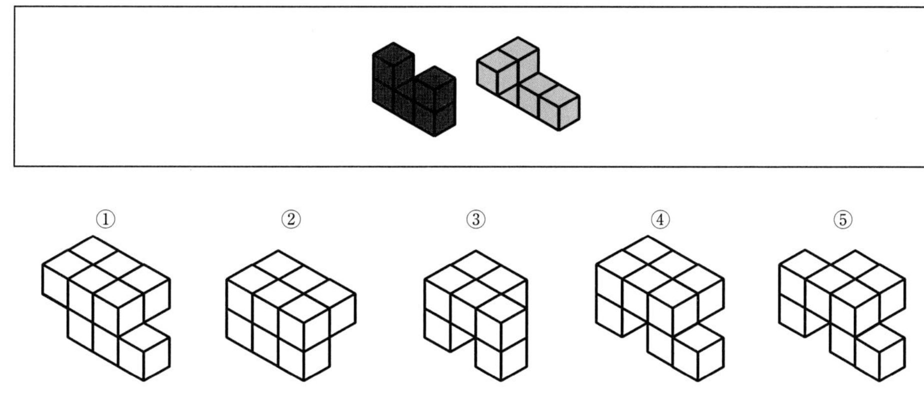

① ② ③ ④ ⑤

12 다음 두 개의 블록을 결합했을 때 나올수 있는 모양은?

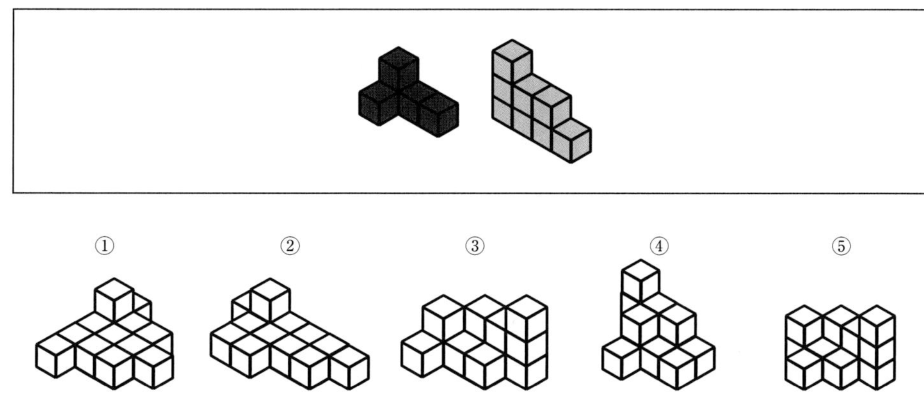

① ② ③ ④ ⑤

유형 14 공간지각 : 전개도

전개도를 표준화 하는 방법을 통해 풀이원리와 변형방법을 배워보겠습니다. 그리고 이 원리를 응용해 빠르게 답을 골라내는 방법을 알아보겠습니다. 추가적으로 넘버링 방법을 통해 오답을 고르지 않도록 확인 작업까지 한다면, 공간지각능력을 덜 사용하고도 문제 풀이가 가능합니다.

> **Advice.** 정육면체, 정사면체 등 자주 출제되는 입체도형의 전개도로 가능한 모양을 익히고, 표준화 하여 표준형으로 변환해 봅시다.
>
> ※ 전개도 표준화의 자세한 풀이는 *injeok.com* 온라인 강의에서 배우실 수 있습니다.

예제 14-1 아래 주어진 정육면체의 전개도를 접어 회전시킨 도형으로 알맞은 것을 고르시오.

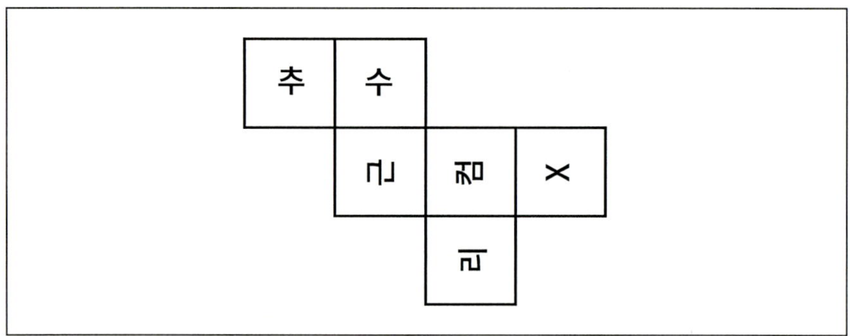

① 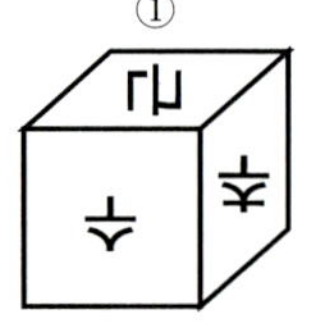 ② 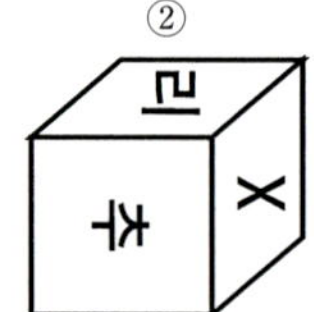 ③ 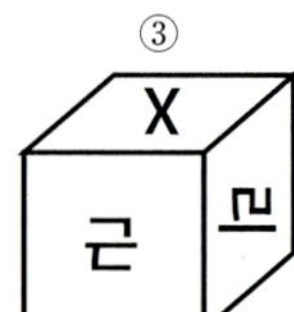 ④ 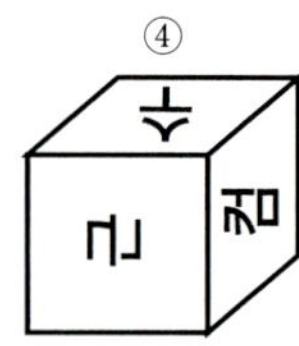

정답 및 풀이 답 | ①

Advice.　실제로 하나하나 머릿속에서 접어보는게 아니라 단순한 공식을 활용해 보기를 제거할 수 있습니다. 표준화를 통해 특정한 면과 인접하는 모든 면의 형태를 공간지각능력을 사용하지 않고도 알 수 있습니다.

※ 전개도 보기 소거법의 자세한 풀이은 *injeok.com* 온라인 강의에서 배우실 수 있습니다.

예제 14-2　　아래 주어진 정육면체의 전개도를 접어 회전시킨 도형으로 알맞은 것을 고르시오.

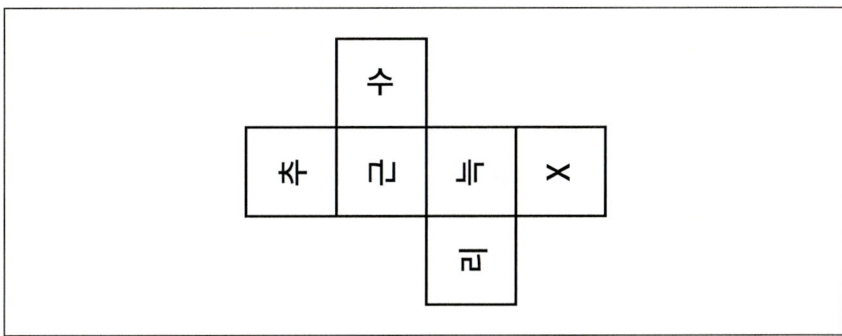

①　　　　　②　　　　　③　　　　　④

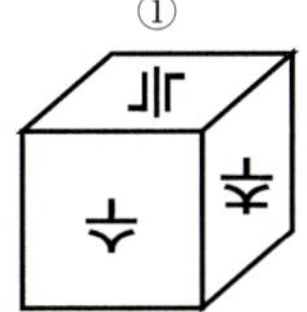 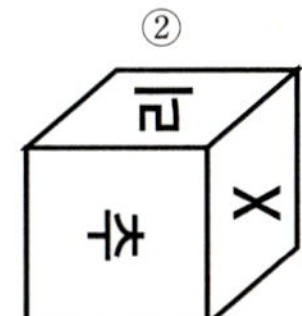 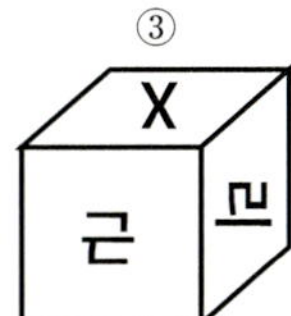 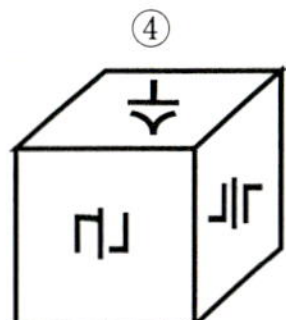

정답 및 풀이　　　답 | ②

> **Advice.** 전개도 표준화를 응용해 각 꼭지점의 위치를 하나의 주소처럼 번호를 지정하여 풀 수 있습니다.
>
> ※ 전개도 넘버링의 자세한 방법은 *injeok.com* 온라인 강의에서 배우실 수 있습니다.

예제 14-3 아래 주어진 정육면체의 전개도를 접어 회전시킨 도형으로 알맞은 것을 고르시오.

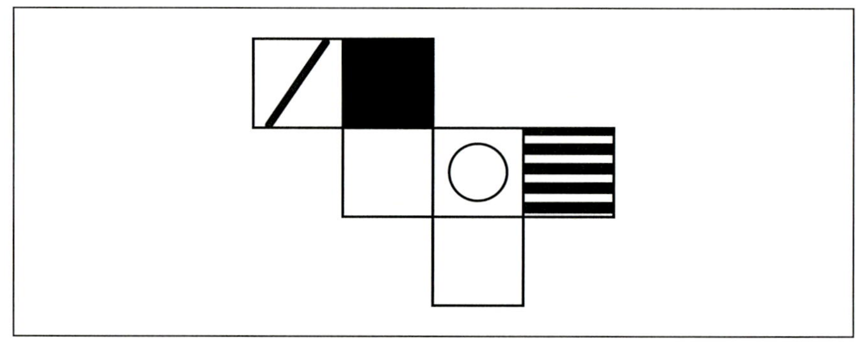

① 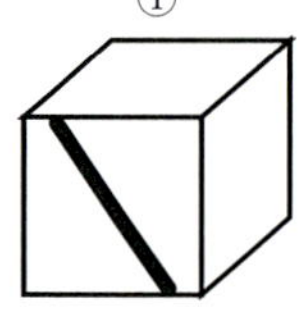 ② 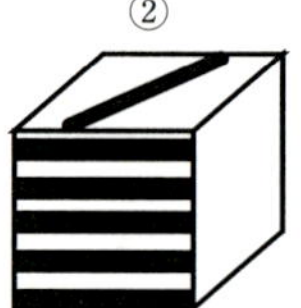 ③ 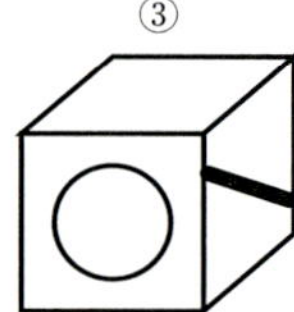 ④ 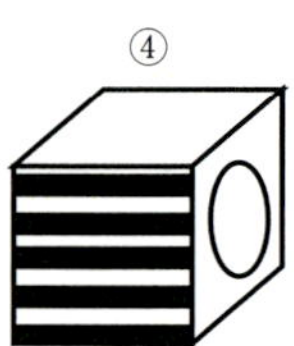

정답 및 풀이 답 | ④

유형 연습 문제

1   아래 주어진 정육면체의 전개도를 접어 회전시킨 도형으로 알맞은 것을 고르시오.

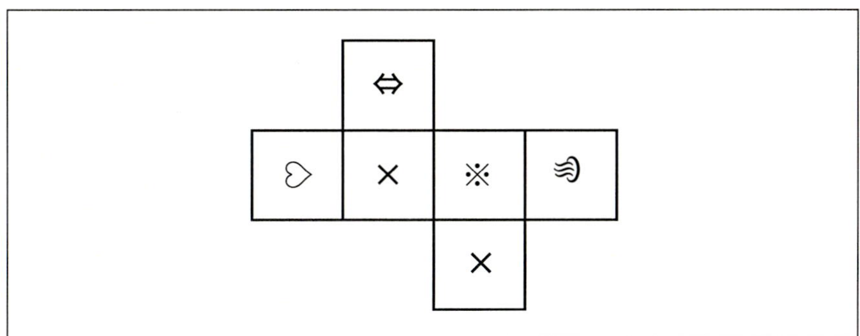

① 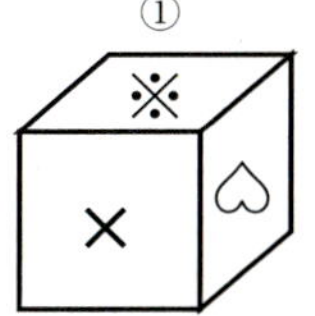 ② 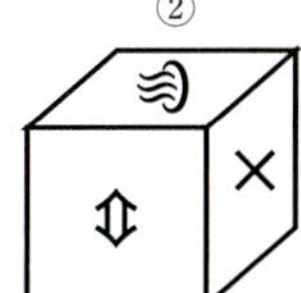 ③ 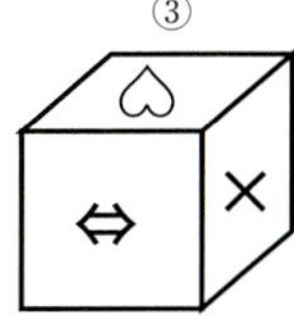 ④ 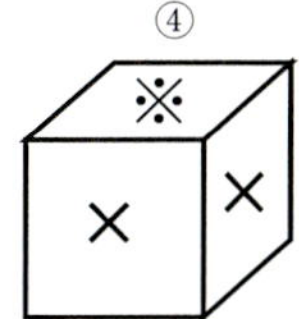

2   아래 주어진 정육면체의 전개도를 접어 회전시킨 도형으로 알맞은 것을 고르시오.

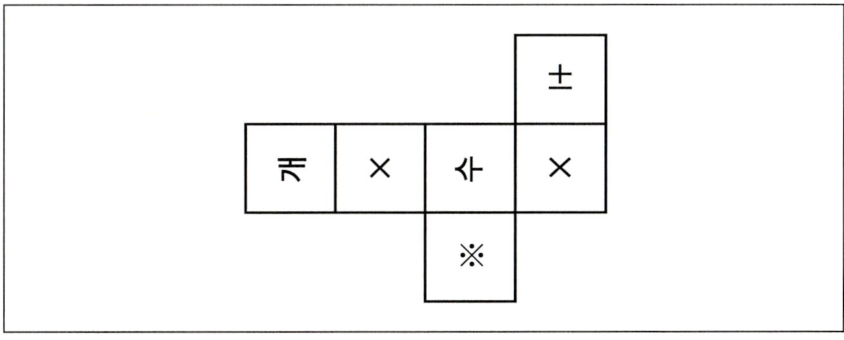

① 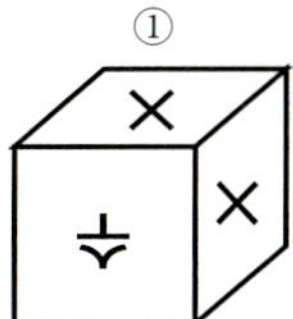 ② 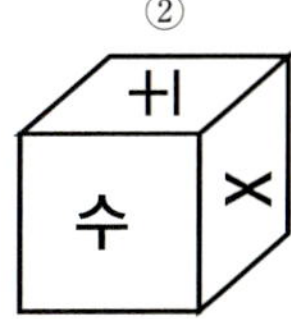 ③ 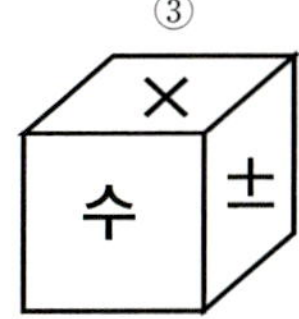 ④ 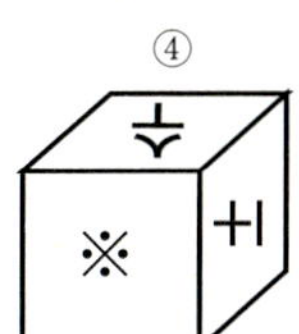

3 아래 주어진 정육면체의 전개도를 접어 회전시킨 도형으로 알맞은 것을 고르시오.

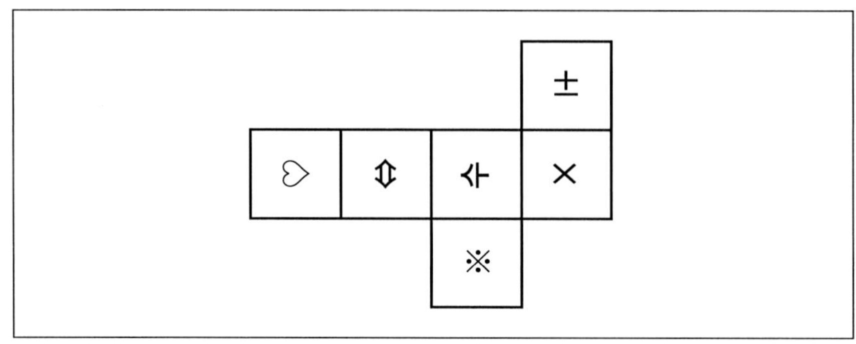

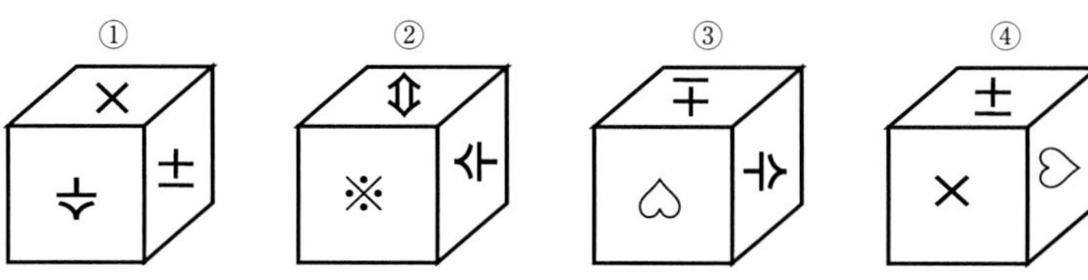

4 아래 주어진 정육면체의 전개도를 접어 회전시킨 도형으로 알맞은 것을 고르시오.

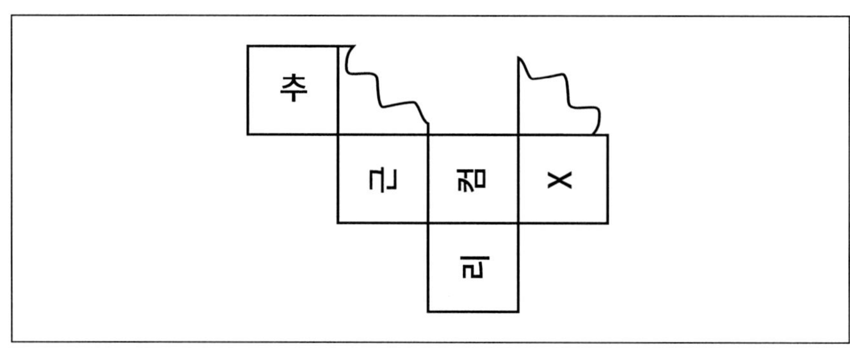

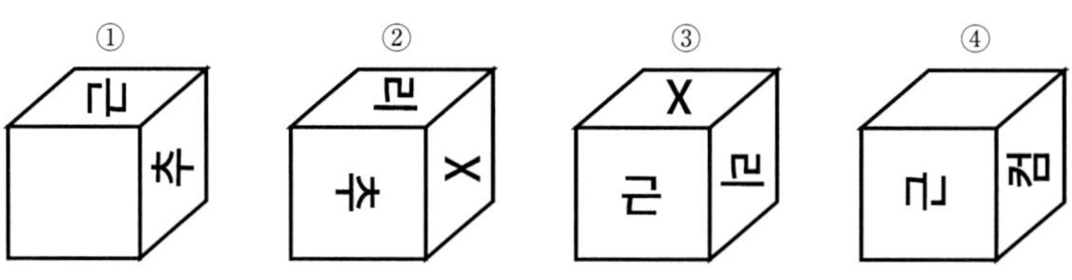

5 아래 주어진 정육면체의 전개도를 접어 회전시킨 도형으로 알맞은 것을 고르시오.

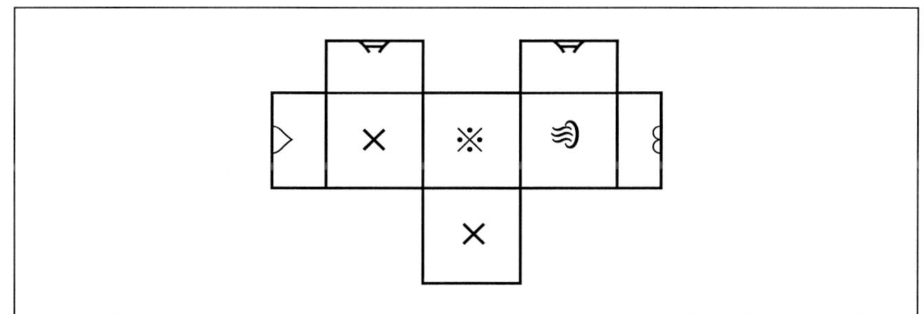

①	②	③	④
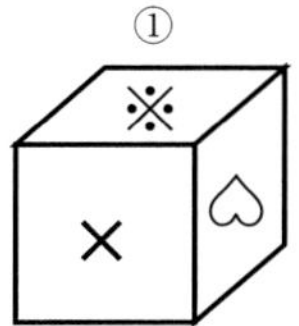	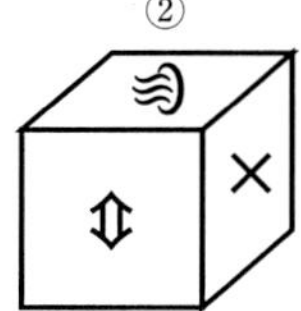	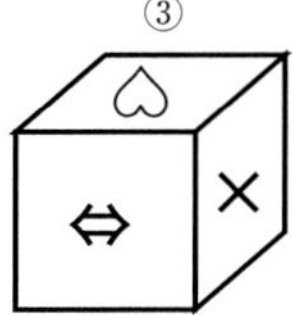	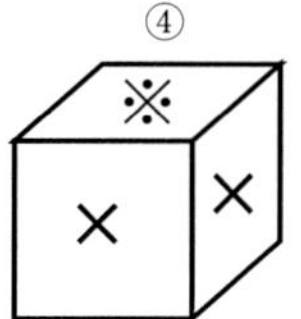

6 아래 주어진 정육면체의 전개도 중 나머지와 다른 입체도형이 되는 것을 고르시오.

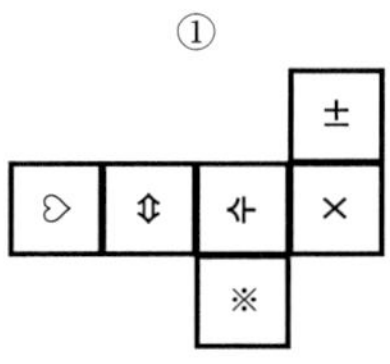
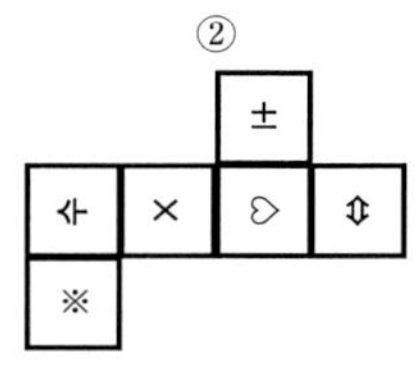
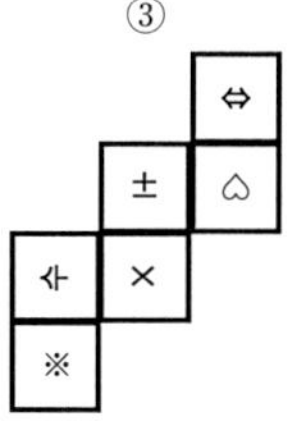

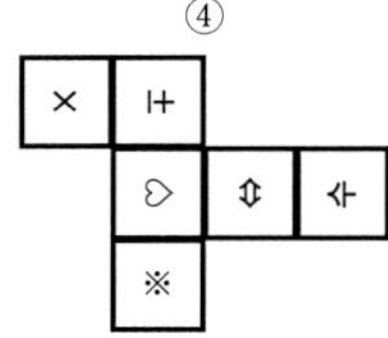
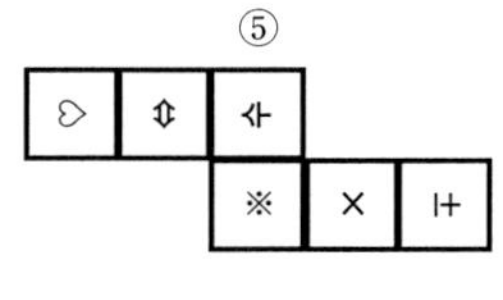

7 아래 주어진 정팔면체의 전개도 중 나머지와 다른 입체도형이 되는 것을 고르시오.

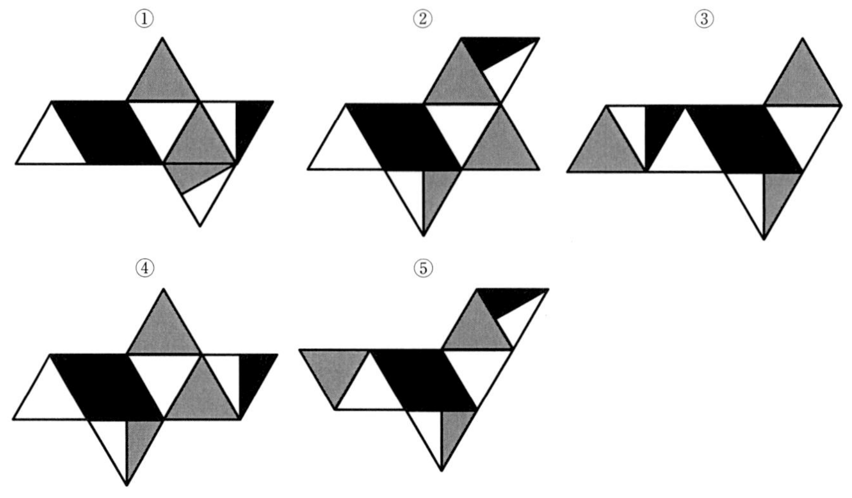

8 아래 주어진 정팔면체의 전개도를 접어 회전시킨 도형으로 알맞은 것을 고르시오.

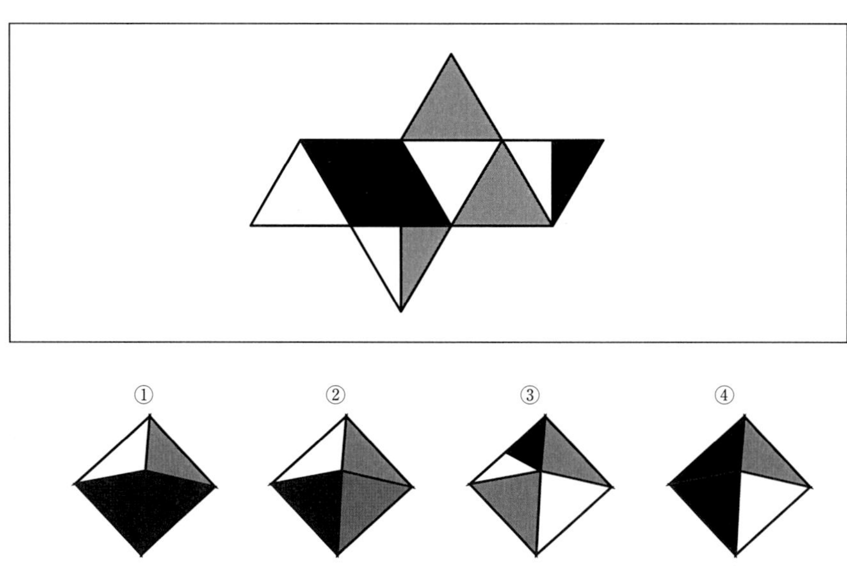

아래 주어진 전개도 중 정육각기둥이 될 수 없는 것을 고르시오.

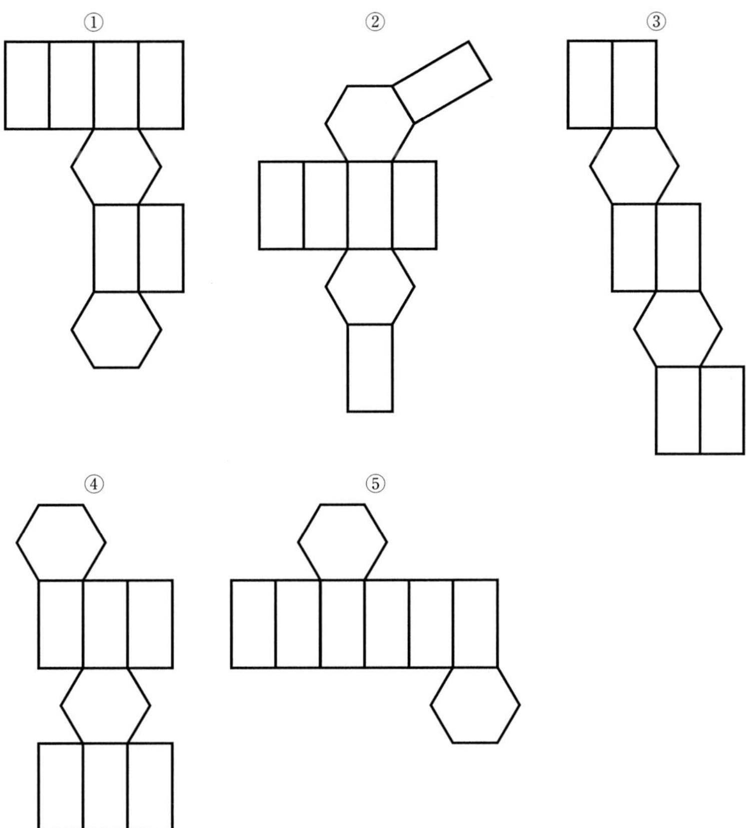

유형 15 공간지각 : 종이접기 펀칭

필승법 37 종이접기 보기 소거법
필승법 38 펀칭 보기 소거법

가장 난이도 있는 문제 중에 하나로 손꼽히는 종이접기 유형에 대해서도 풀이 팁이 존재합니다. 종이접기 문제의 다양한 허점을 이용해 보기를 소거하고 남은 것을 비교하여 문제를 풀어 낼 수 있습니다.

Advice.　종이접기 문제의 경우 실제로 접지 않고도 답이 될 수 없는 보기를 1,2초 내 제거가 가능하도록 만드는 팁들이 존재합니다. 그 이후에 남은 보기만 확인하면 빠르게 답을 찾을 수 있습니다.

※ 종이접기 보기 소거법의 자세한 방법은 *injeok.com* 온라인 강의에서 배우실 수 있습니다.

예제 15-1　　다음과 같이 화살표 방향으로 종이를 접은 다음 마지막의 점선을 기준으로 앞, 뒤로 접었을 때 나올 수 없는 종이의 모양은?

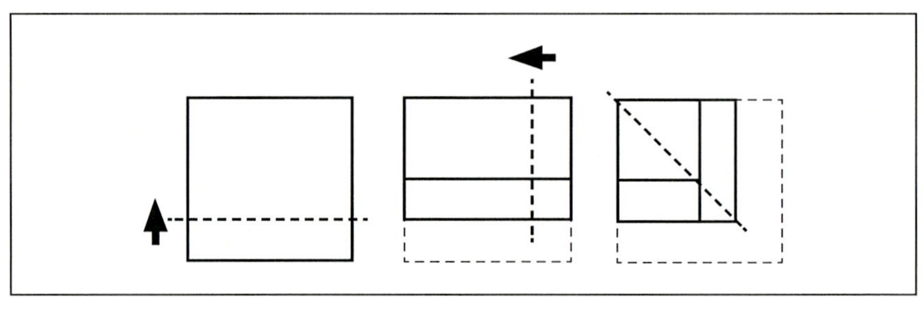

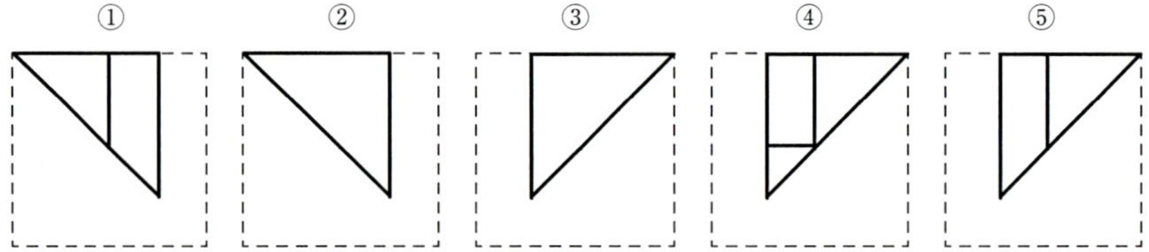

정답 및 풀이　　답 | ⑤

Advice.   접은 후 펀칭으로 구멍을 뚫거나, 가위로 자른 모양을 찾는 문제는 처음에 접는 선에 대해 대칭인지를 확인하고 마지막에 남은 모양을 보기에 대입하여 점의 위치가 동일한지 확인하여 답을 찾을 수 있습니다.

※ 펀칭 보기 소거법의 자세한 방법은 *injeok.com* 온라인 강의에서 배우실 수 있습니다.

예제 15-2   종이를 다음과 같이 접은 후, 세 개의 구멍을 뚫었다. 다시 펼쳤을 때 나올 수 있는 모양은?

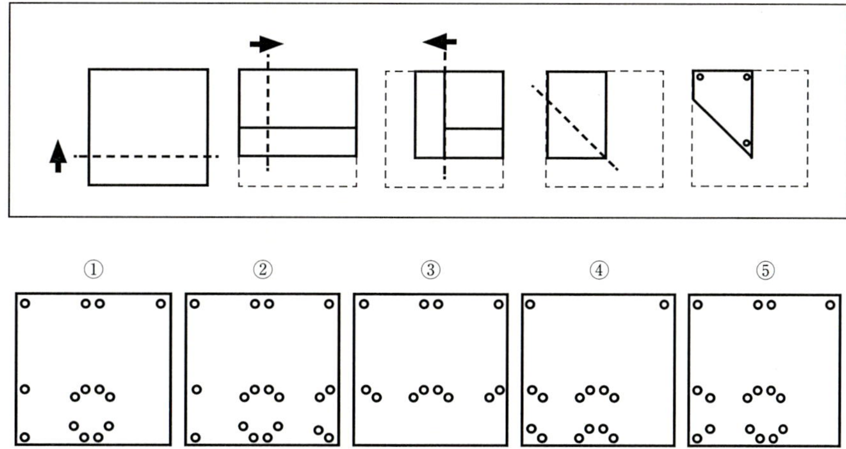

정답 및 풀이   답 | ③

유형 연습 문제

1 다음과 같이 화살표 방향으로 종이를 접은 다음 마지막의 점선을 기준으로 앞, 뒤로 접었을 때 나올 수 없는 종이의 모양은?

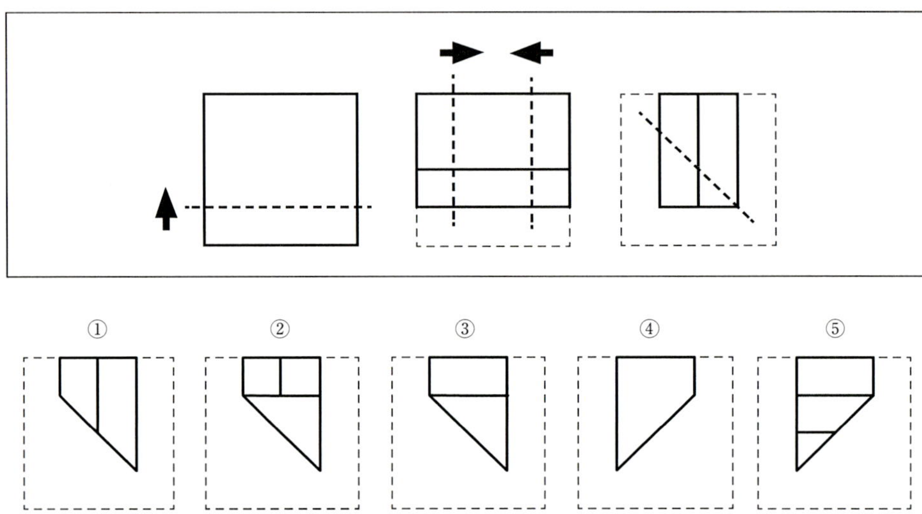

2 다음과 같이 화살표 방향으로 종이를 접은 다음 마지막의 점선을 기준으로 앞, 뒤로 접었을 때 나올 수 없는 종이의 모양은?

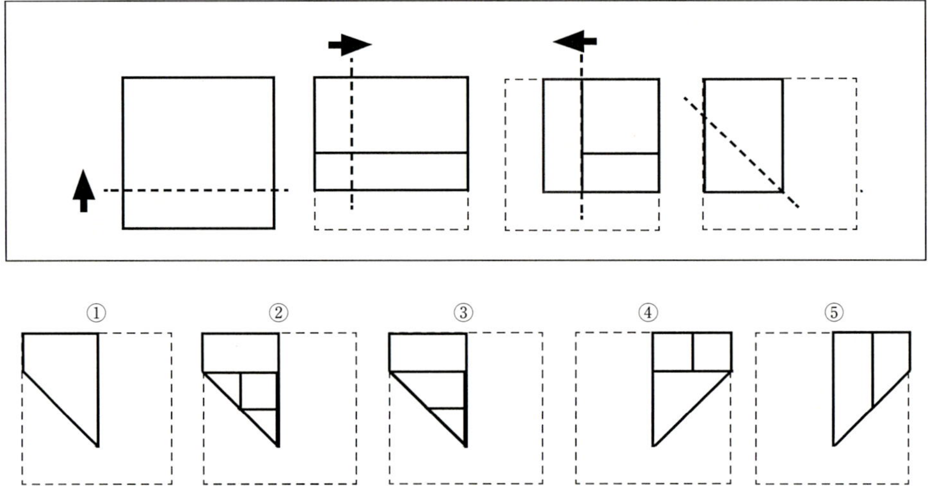

3   다음과 같이 화살표 방향으로 종이를 접은 다음 마지막의 점선을 기준으로 앞, 뒤로 접었을 때 나올 수 없는 종이의 모양은? (↓ : 뒤로 접기, ↓ : 앞으로 접기)

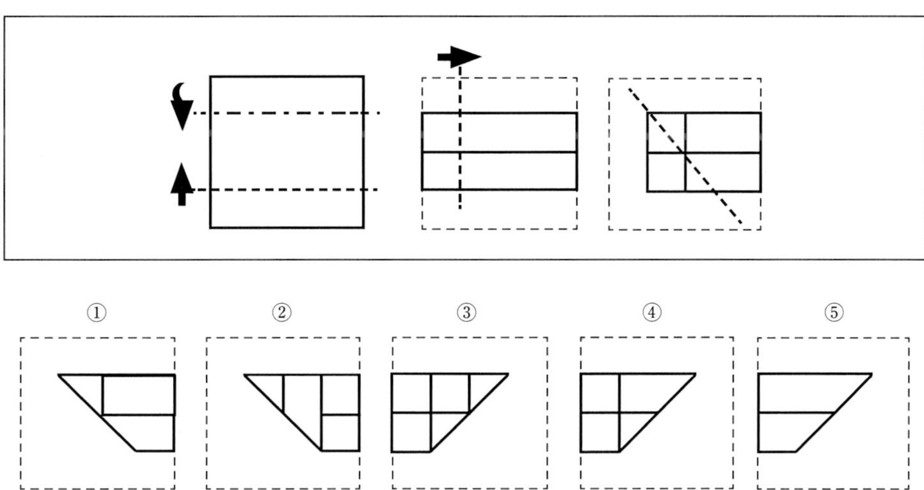

① ② ③ ④ ⑤

4   다음과 같이 화살표 방향으로 종이를 접은 다음 마지막의 점선을 기준으로 앞, 뒤로 접었을 때 나올 수 없는 종이의 모양은? (↓ : 뒤로 접기, ↓ : 앞으로 접기)

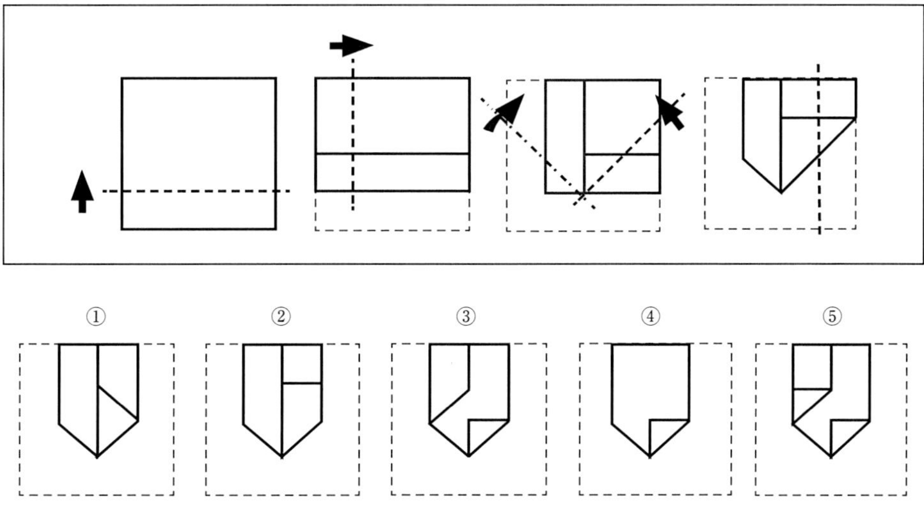

① ② ③ ④ ⑤

5 다음과 같이 종이를 접은 후, 두 개의 구멍을 뚫었다. 다시 펼쳤을 때 나올 수 있는 모양은?

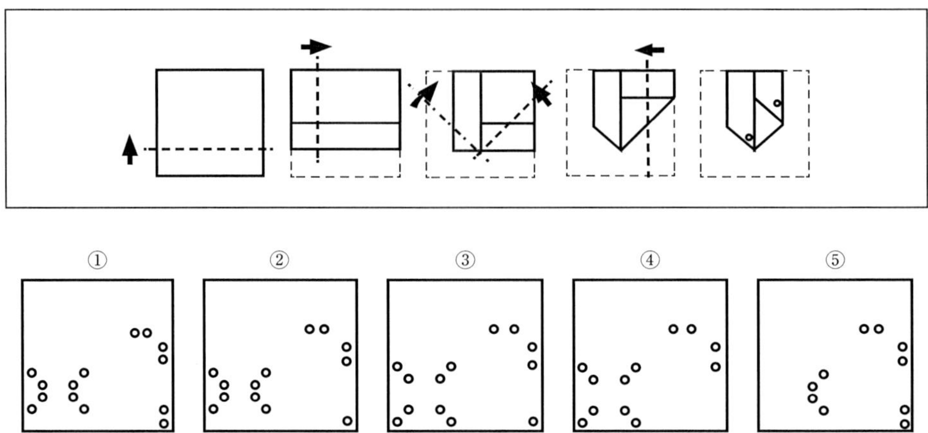

① ② ③ ④ ⑤

6 다음과 같이 종이를 접은 후, 가위로 회색 부분을 잘라내었다. 다시 펼쳤을 때 나올 수 있는 모양은?

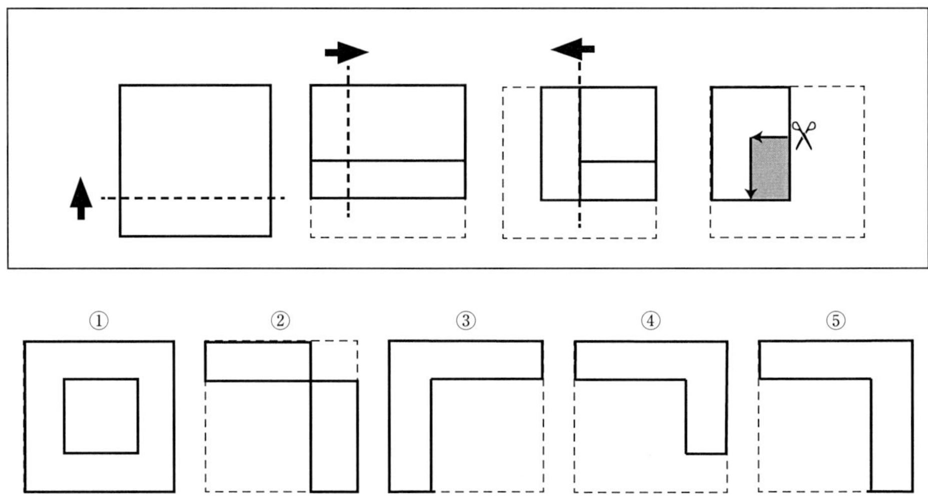

① ② ③ ④ ⑤

유형 16 자료해석 : 표 해석

필승법 39 일의 자리 계산 응용법
필승법 40 분수 대소 비교 응용법

자료해석은 자료를 해석하는 능력과 연산능력이 결합한 문제입니다. 특히 이번 유형인 표 해석에서는 해석능력보다는 연산이 차지하는 비중이 높습니다. 이상하게도 우리가 기초연산 유형으로 문제가 나왔을 경우에는 필승법을 적용하여 잘 푸는데 자료해석 분야에서는 잘 적용을 못 하는 경우가 많습니다.

Advice. 자료해석도 식만 세우면 기초연산 문제와 같습니다. 필승법으로 복잡한 계산을 하지 않고 풀어야 합니다. 단, 일의 자리 응용법은 평균값 혹은 반올림을 할 수 있는 값에는 적용해서는 안 됩니다.

예제 16-1

다음은 어느 대형마트에 대한 자료이다. 전년 주류 매출액이 감소한 달의 주류 매출액의 총 합은?

(표.1) 전년 A 마트 주류 월별 매출액과 증감률

월	주류 매출 증감률 (%)	주류 매출액 (원)
1	2.5	9,920,000
2	-4.9	9,433,920
3	-7.6	8,716,940
4	6.4	9,274,800
5	8.1	10,026,080
6	4	10,427,100
7	0.9	10,520,970
8	0.3	10,552,530
9	1.6	10,721,380
10	-2.3	10,474,780
11	-8.1	9,626,300
12	-1.6	9,472,300

① 50,176,360원   ② 47,724,240원   ③ 42,114,287원

① 37,724,244원   ② 28,773,280원

정답 및 풀이

답 | ② 47,724,240원

9433920+8716940+10474780+9626300+9472300 ＝ 47,724,240 원

필승법 적용 시, 일의자리 계산법을 응용하면 2+4+8+0+0 으로 십의 자리가 4, 일의자리는 0인 것을 알 수있다.

Advice. 대소 비교는 자료해석에서 빠지지 않는 유형입니다. 증가 혹은 감소한 경우나 증감률을 구해야 하는 경우 분수 꼴을 연산하는 경우가 특히 많습니다. 자료해석에서 유용하게 사용할 수 있는 분수 대소 비교법을 추가적으로 알아야 합니다.

예제 16-2

다음은 악력을 높여주는 운동 보조 장비에 대한 자료이다. 가장 증가율이 높은 장비는?

(표.1) A, B, C 장비의 사용 후 악력 증감 자료 (단위 : g)		
	A	B	C
사용 전	48,541	48,932	44,683
사용 후	54,862	56,003	49,214

① A   ② B   ③ B

정답 및 풀이

답 | ② B

A는 54862/48541 = 1.13...
B는 56003/48932 = 1.14...
C는 49214/44683 = 1.10...

필승법 적용 시, B에서 A를 분모 분자를 각각 빼 준 값이 A보다 큰 점을 적용하여 B 장비가 답임을 알 수 있다.

유형 연습 문제

1 다음은 체육관 A의 회원 수에 대한 자료이다. 다음 중 자료에 대한 설명으로 옳지 않은 것을 고르시오.

(표.1) 체육관 A에 다니는 회원의 남녀비율 (단위 : %)

성별	9월	10월	11월	12월
남성	58.7	57.4	57.3	56.9
여성	41.3	42.6	42.7	43.1

(표.2) 체육관 A의 전체 회원 수 (단위 : 명)

구분	9월	10월	11월	12월
회원 수	1,315	1,279	1,253	1,194

① 여성 회원의 비율은 점점 늘어나는 추세이다.
② 남성 회원의 수는 여성 회원의 수보다 항상 많다.
③ 9월부터 12월까지 줄어든 전체 회원의 수는 121명이다.
④ 12월에 남녀 회원의 차이가 가장 적다.
⑤ 11월 남성 회원의 수는 718명이다.

2 다음은 다섯 업체에 대한 스낵 만족도 조사 자료이다. 네가지 평가항목을 더하여 배점을 정한다고 할 때, 보기 중 자료에 대한 설명으로 옳은 것을 고르시오.

(표.1) 업체별 스낵 만족도 (단위 : 점)

평가항목 (배점)	A	B	C	D	E
맛 (150)	132	114	142	107	124
양 (100)	90	84	72	88	94
공급량 (100)	60	80	51	90	75
가격 (50)	45	31	40	34	39

① B업체의 만족도가 D보다 높다.
② C업체는 맛을 제외한 모든 항목에서 가장 낮은 점수를 받았다.
③ 평가 항목에서 공급량을 제외하면 A업체가 E업체보다 높은 점수를 받았다.
④ 맛 점수가 가장 높은 업체와 가장 낮은 업체의 차이는 36점이다.
⑤ 가격 항목의 배점이 두 배로 증가한다면, C업체의 만족도와 B업체의 만족도가 같아진다.

(3~4) 다음은 어느 핸드폰 사용자의 통신요금에 대한 자료이다. 각 물음에 답하시오.

(표.1) 어느 핸드폰 사용자의 월별 통신요금 (단위 : 원)

구분	9월	10월	11월	12월	1월
음성	17,365	(가)	18,315	16,215	17,620
문자	1,790	2,205	2,195	1,327	1,947
데이터	35,645	40,375	36,915	38,164	35,109
합계	54,800	(나)	57,425	55,706	54,676

3 10월 음성사용요금이 전 월 대비 11% 증가했다면 (가)는 얼마인가?

① 18,928　　② 19,275　　③ 19,622　　④ 19,970　　⑤ 20,317

4 다음 중 자료에 대한 설명으로 옳은 것을 모두 고르시오.

> (A) 12월에 전체요금 대비 데이터사용요금의 비중이 가장 크다.
> (B) 10월 전체요금은 62,795원이다.
> (C) 1월에 전 월 대비 문자사용량의 증가량이 가장 크다.
> (D) 12월 사용요금이 잘못 계산되어 낮게 청구된 것이라고 할 때, 데이터 사용요금 이 5% 추
> 　　가로 청구된다면 12월 전체요금은 11월 전체요금보다 높아진다.

① A, B　　② A, C　　③ C, D　　④ B, C, D　　⑤ A, C, D

5 귀하의 회사에서 점심시간 변경에 관한 안건을 주제로 직원들의 의견을 수렴하였다. 직원들 가운데 남자 150명, 여자 100명에게 찬반 조사를 실시한 결과는 아래 표와 같다. 이들 중 찬성인 사람을 선택했을 때, 그 사람이 여자일 확률은 얼마인가?

(표.1) 점심시간 변경 찬반 조사 자료 (단위 : %)

성별	찬성	반대
남성	40	60
여성	60	40

① 40%　　② 45%　　③ 50%　　④ 55%　　⑤ 60%

(6-8) 다음은 우리나라의 어업 경영주의 연령별 소득 자료이다. 각 물음에 답하시오.

(표.1) 경영주 연령별 평균 어업 소득, 자산, 부채 (단위 : 천원)

구분	전전년	전년	증감률	자산	부채
전체	43,895	47,077	7.2	408,960	42,870
40대 이하	92,644	110,297	19.1	743,557	131,055
50대	60,288	66,213	9.8	472,615	71,389
60대	40,855	48,349	18.3	411,289	35,246
70대 이상	23,362	21,951	-6.0	310,688	16,624

6 평균 부채 대비 자산이 가장 높은 연령대는?

① 40대 이하　　② 50대　　③ 60대　　④ 70대 이상　　⑤ 알 수 없음

7 연령별 평균 어업소득 증감률이 전년과 동일하다고 했을 때 40대 이하의 올해 어업소득은?

① 121,492천원　　② 131.464천원　　③ 139,589천원　　④ 150.018천원　　⑤ 163,396천원

8 다음 중 자료에 대한 설명으로 옳은 것을 모두 고르시오.

(A) 전년 50대의 평균 어업소득 증가량이 60대 보다 더 적다.
(B) 전년의 어업소득 중 50대, 60대의 평균소득이 나머지의 평균소득을 더한 것 보다 적다.
(C) 50대와 60대의 전년 평균 어업소득은 전전년에 비해 덜 차이가 나게 되었다.
(D) 70대 이상의 어업인구가 가장 적다.

① A, B　　② A, C　　③ B, C　　④ B, D　　⑤ A, C, D

유형 17 자료해석 : 그래프 해석

필승법 41 자료해석 특이점 활용법
필승법 42 그래프 속임수 문제

그래프를 활용한 속임수 문제를 알아보고, 추가적으로 표와 그래프를 함께 봐야 하는 복합문제를 해결하는 요령을 배워보겠습니다. 단순하게 수치를 연산하는 것 보다는 전체적인 자료에 대해 해석하는 문제가 많이 출제됩니다. 정확한 값이 나오는 부분이 아니어서 감에 의존하다 보니 본인은 맞았다고 생각하는데 실제 점수는 낮게 나오는 분야가 바로 그래프 해석입니다.

Advice.   자료해석을 무작정 하나하나 다 계산하면 필요한 부분만 계산하는 것보다 몇 배 시간이 더 걸립니다. 답을 빠르게 골라낼 수 있는 자료를 찾는 연습을 해야 합니다.

예제 17-1   다음 표를 바탕으로 A기업 공장 생산량의 총합 그래프로 가장 적합한 것을 고르시오.

(표.1) A 기업 공장별 생산량 추이 (단위 : t)						
	1월	2월	3월	4월	5월	6월
1공장	218	231	225	206	235	221
2공장	49	61	33	30	36	52
3공장	241	236	168	234	300	294

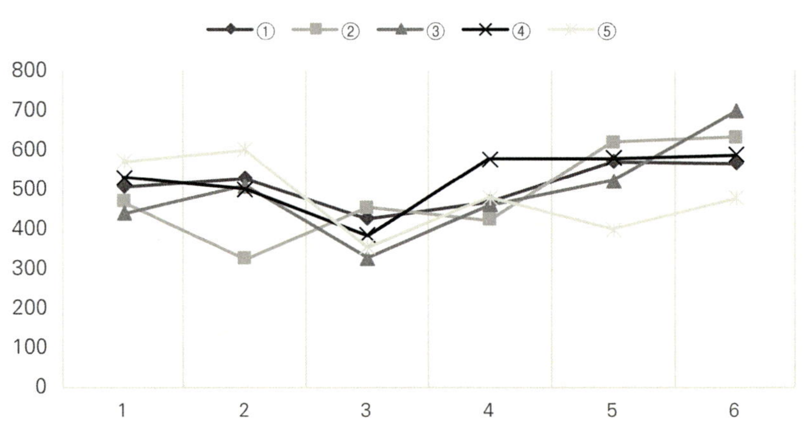

정답 및 풀이   답 | ①

Advice.   단순히 그래프만 보고 자료를 해석하는 경우 착각을 하게 되는 부분이 있습니다. 우선 누적 그래프가 주어지면 그래프는 우상향하더라도 실제 구하고자 하는 값은 감소할 수 있으며, 증감률 그래프의 경우 그래프는 감소하더라도 실제 구하고자 하는 값은 계속 증가할 수 있습니다.

예제 17-2   다음 그래프는 1월에 함께 오픈한 A.B 화장품 판매점의 방문자 자료이다. 이에 대한 설명으로 옳지 않은 것은?

(표.1) A, B 화장품 판매점 누적 방문자 수 (단위 : 명)

월	A 판매점	B 판매점
1월	27,581	6,419
2월	46,891	12,838
3월	56,512	22,210
4월	61,367	34,037
5월	63,699	47,579
6월	64,748	62,380

(그래프.1) A, B 화장품 판매점 누적 방문자 수 (단위 : 명)

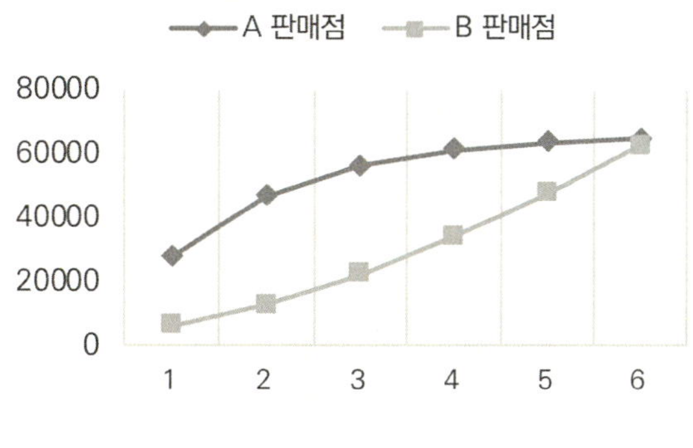

① 3월까지의 A 판매점의 방문자 수는 B 판매점의 방문자 수 보다 2배 이상이다.
② B 판매점의 1월 방문자와 2월 방문자 수는 같다.
③ A 판매점의 방문자는 계속 감소하였다.
④ 7월의 누적 방문자수는 B 판매점이 A 판매점을 넘어설 것으로 예측할 수 있다.
⑤ B 판매점의 방문자수 증가율은 계속 상승하였다.

정답 및 풀이   답 | ⑤ B 판매점의 방문자수 증가율은 계속 상승하였다.

방문자수는 증가하였으나, 증가율은 상승하지 않았다.

유형 연습 문제

1 다음은 A 도서관의 열람실별 이용 인원에 대한 자료이다. 이를 바탕으로 만든 자료로 만든 자료로 옳지 않은 것을 고르시오.

(표.1) A 도서관의 열람실별 출입인원 현황 (단위 : 명)

구분	성별	9월	10월	11월	12월
제 1열람실	남성	3,372	3,624	3,411	3,102
	여성	3,197	3,296	3,024	2,813
제 2열람실	남성	3,148	3,249	2,912	2,595
	여성	2,539	3,076	2,765	2,413
제 3열람실	남성	2,939	3,195	2,894	2,514
	여성	2,795	2,848	2,742	2,346
제 4열람실	남성	2,548	2,614	2,215	2,016
	여성	2,367	2,482	2,341	1,948

① 1열람실 이용 인원

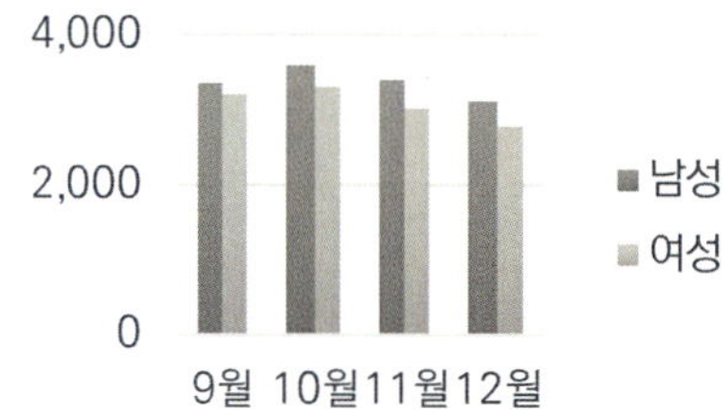

② 9월 열람실별 여성 이용 인원

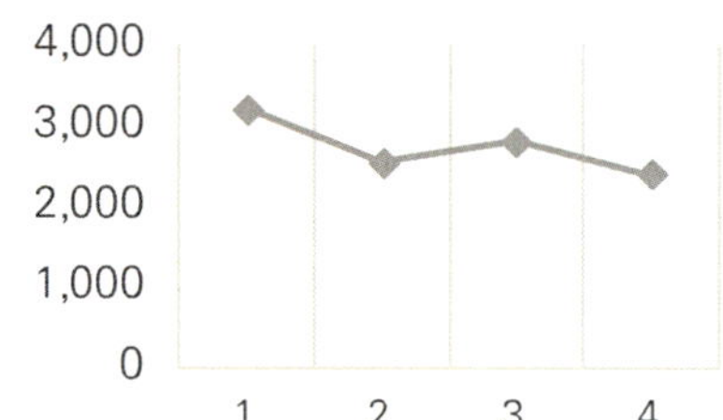

③ 열람실별 남성 이용 인원

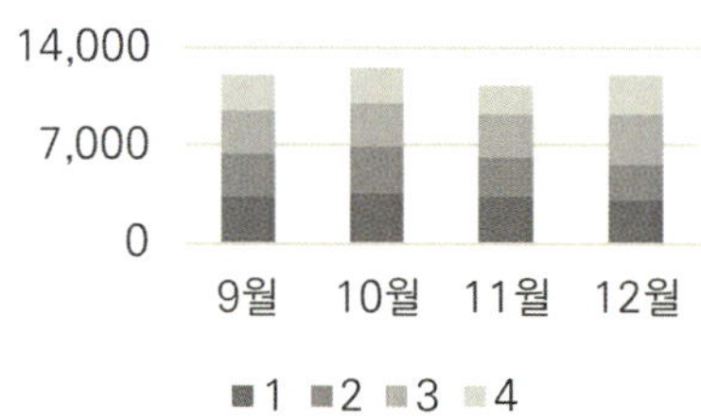

④ 12월 열람실별 이용 인원

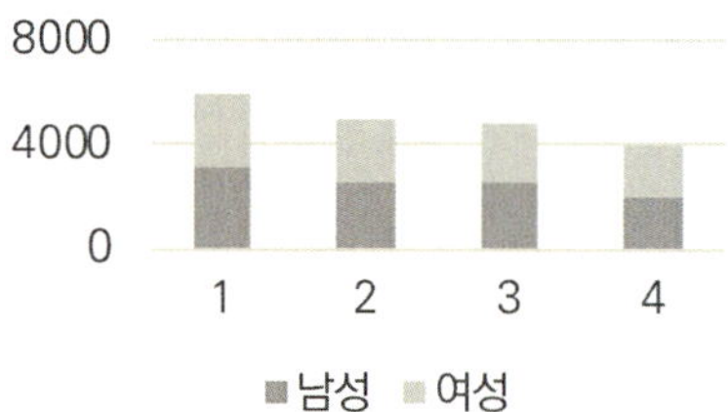

⑤ 11월 열람실별 전체 이용 인원

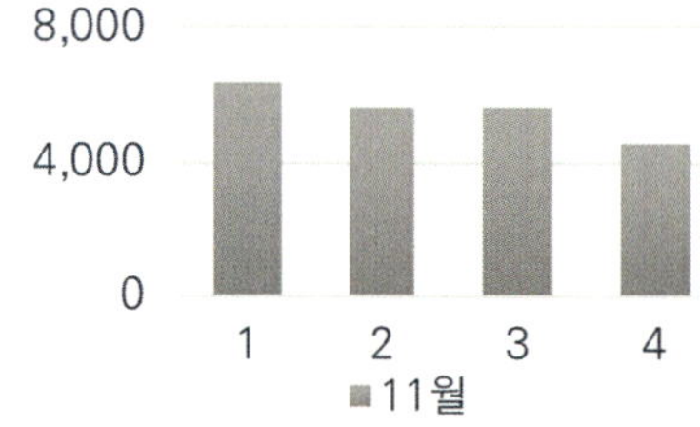

(2-3) 다음은 A 인터넷 커뮤니티 회원 추이에 대한 자료이다. 각 물음에 답하시오.

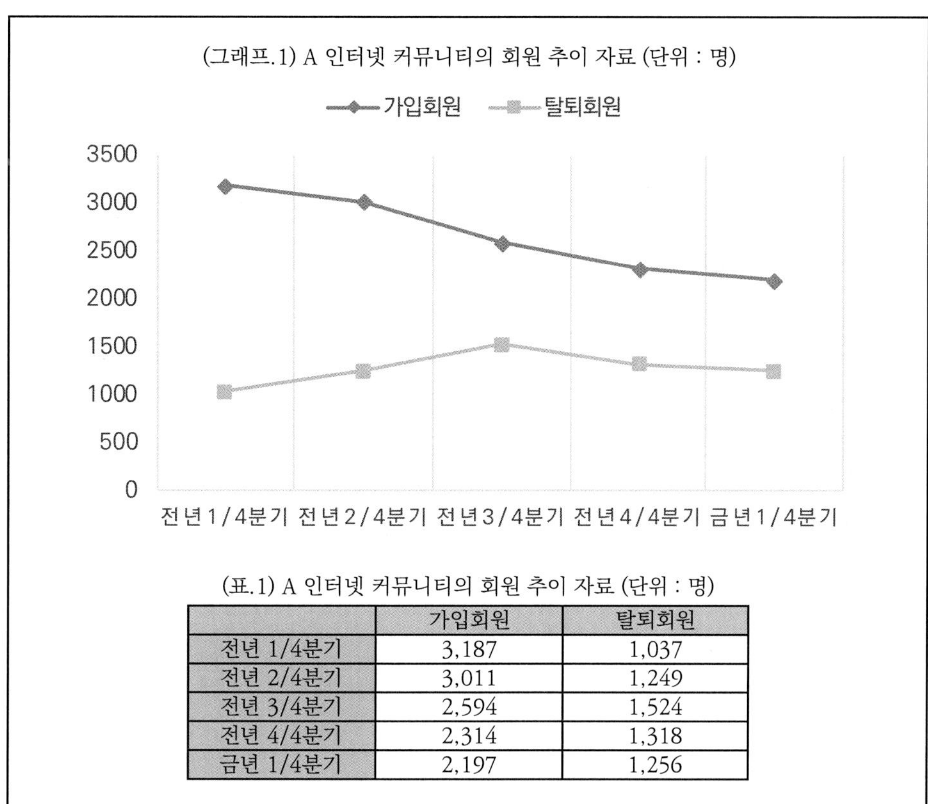

(표.1) A 인터넷 커뮤니티의 회원 추이 자료 (단위 : 명)

	가입회원	탈퇴회원
전년 1/4분기	3,187	1,037
전년 2/4분기	3,011	1,249
전년 3/4분기	2,594	1,524
전년 4/4분기	2,314	1,318
금년 1/4분기	2,197	1,256

2 다음 중 자료에 대한 설명으로 옳지 않은 것을 고르시오.

① 매 분기마다 총 회원 수는 줄어들고 있다.
② 가입회원이 가장 많은 분기의 가입회원 수는 탈퇴회원 수의 3배 이상이다.
③ 가입회원과 탈퇴회원의 차이가 가장 적은 분기는 2015년 1분기이다.
④ 전 분기 대비 탈퇴인원은 2014년 2분기보다 2014년 3분기에 더 많다.
⑤ 전년 3/4분기에 늘어난 회원 수는 1070명이다.

3 금년 1/4분기의 회원수가 29,211명이라고 할 때, 1년 전의 회원 수는?

① 15,918　　② 19,105　　③ 22,302　　④ 23,243　　⑤ 24,452

 다음은 A 음악대회의 전공 별 지원자 수에 대한 자료이다. 각 물음에 답하시오.

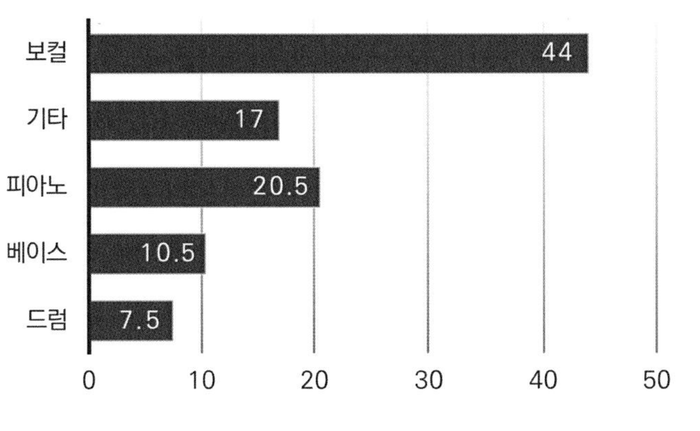

(표.1) 제 1~6회 A 음악대회 전공별 지원자 수 (단위 : 명)

전공	1회	2회	3회	4회	5회
드럼	798	847	(가)	1,037	1,142
베이스	819	1,084	1,248	1,334	1,375
피아노	2,156	2,375	(나)	2,542	2,716
기타	1,318	1,865	2,032	2,168	2,284
보컬	4,354	4,897	5,214	5,348	5,637
전체	9,445	11,068	11,837	12,429	13,154

(그래프.1) 3회 A 음악대회 지원자 비율 (단위 : %)

4 다음 표의 (가), (나)에 들어갈 수의 차로 알맞은 것은?

① 1,389　　② 1,538　　③ 1,654　　④ 1,760　　⑤ 1,816

5 다음 중 위 자료에 대한 설명으로 옳지 않은 것은?

① 매년 전체 지원자 수에서 피아노전공자가 차지하는 비중이 두 번째로 높다.
② 모든 전공에서 지원자 수는 매년 꾸준히 증가한다.
③ 기타 전공 지원자 수의 전년 대비 증가 인원은 5회 대회보다 4회 대회에 더 높다.
④ 전체 지원자 수에서 드럼을 전공한 지원자 수의 비중은 5회 대회보다 2회 대회에 더 높다.
⑤ 4회 대회에 드럼과 베이스전공 지원자의 합은 같은 해 보컬전공 지원자 수의 절반 이하이다.

injeok.com

유형 18 순발력

필승법 43 부분 확인법
필승법 44 교차 확인법

순발력은 다른 그림 찾기, 같은 모양 세기 같은 문제가 주어집니다. 기업 입장에서는 얼마나 빠릿빠릿하게 일을 할 수 있는지를 평가하고 싶은가 봅니다. 보통 이런 문제에는 순발력이 있는 사람과 없는 사람을 구분하기 위해 시간을 무한정 주지 않고 약간 모자라게 줍니다. 아주 작은 팁이라도 점수 차이를 낼 수 있습니다.

> **Advice.** 특정한 도형 혹은 문자의 개수를 세는 문제의 경우 모든 부분을 볼 필요가 없습니다. 가
> 지고 있는 펜을 이용해 일부분을 가리고 해당 문제에서 원하는 도형 혹은 문자를 세 주어야 합니다.

예제 18-1   다음 중 '張'은 몇 개인가?

張 長 場 腸 錫 物 長 場 場 腸 長 場 腸 勿 長
腸 場 物 長 腸 物 錫 長 場 場 錫 長 場 腸 場
勿 錫 長 場 場 腸 物 場 長 場 腸 腸 場 錫 長
場 場 腸 物 錫 長 場 場 腸 腸 錫 物 長 錫 勿

① 1개   ② 2개   ③ 3개   ④ 4개   ⑤ 5개

정답 및 풀이   답 | ① 1개

Advice. 다른 점을 찾는 문제는 좌 우로 보통 비슷한 문장을 배치합니다. 보통은 한쪽을 기준으로 놓고 반대쪽이 같은지 확인하는 경우가 많지만 일정한 개수씩 끊어 기준되는 문장을 번갈아가며 바꾸어 확인해 주면 더욱 빠르게 확인이 가능합니다.

예제 18-2

다음 보기 중 좌,우가 다른 하나는?

① 127893411290 – 127893411290
② 740192763568 – 740192783568
③ 321780496125 – 321780496125
④ 394721935782 – 394721935782
⑤ 097834174791 – 097834174791

정답 및 풀이

답 | ② 740192763568 – 740192783568

필승법 적용 시, 보기①을 네자리씩 끊어 읽는다 하면, 1278을 왼쪽에서 본 후 오른쪽에 있는지 확인 후 다시 왼쪽에서 9341을 보는 것이 아니라 바로 오른쪽에서 9341을 본 후 왼쪽을 확인하고 또 왼쪽에서 1290을 본다면 눈의 이동을 줄일 수 있습니다.

유형 연습 문제

1 다음 중 '닭'은 몇 개인가?

닭 닥 말 맑 감 갉 말 돨 할 맑 감 갑
갉 돌 할 맑 감 말 맑 감 갉 말 갉 돨
말 맑 감 맑 감 갉 감 갉 말 닭 닥 말
갉 말 맑 감 갉 감 맑 감 말 말 닭 닥

① 1개 ② 2개 ③ 3개 ④ 4개 ⑤ 5개

2 다음 보기 중 아래 표에 존재하는 수는?

560	273	724	628	957	805	101	512	723	558
389	954	775	379	834	247	122	271	557	548
468	106	942	366	411	505	349	699	903	603

① 356 ② 591 ③ 122 ④ 249 ⑤ 426

3 다음 중 'K'는 몇개인가?

```
X X X X X X X X X X X X X X X X X X X X X X K X X X X
Y X X X X X X X X X X X X X X X X X X X X X X X X X X X
X X X X X X X X X X X X X X X X K X X X X X X X X X X K X
X X X X X X X X X X X X X X X X X X X X X X X X X X X X
```

① 1개 ② 2개 ③ 3개 ④ 4개 ⑤ 5개

(4-5) 다음 표를 보고 물음에 답하시오.

924	481	982	473	568	566	800	571	721	204
944	600	921	395	441	607	470	558	363	903
206	280	481	343	346	712	851	916	777	862

4 다음 중 표에 존재하는 수는?

① 668　　　② 898　　　③ 903　　　④ 934　　　⑤ 351

5 다음 중 표에 존재하지 않는 수는?

① 395　　　② 470　　　③ 280　　　④ 862　　　⑤ 316

6 다음 보기 중 좌,우가 다른 하나는?

① NFKLAIEWRILMI - NFKLAIEWRILMI
② WNEIFWJIOWFH - WNEIFWJIOWFH
③ FASJIOFWNINKA - FASJIOFMNINKA
④ FNEIOWFKALSD - FNEIOWFKALSD
⑤ FEOEWFEAFEGE - FEOEWFEAFEGE

7 다음 보기 중 좌,우가 다른 하나는?

① Ьюа МНН л ЧЁД - Ьюа МНН л ЧЁД
② ДТСЬЛЧё г УЭ - ДТСЬЛЧё г УЭ
③ Ыны д с п ю п - Ыны д с п ю п
④ в ж у ё л в б ЁД Ты - в ж у ё л в б ЁД Ты
⑤ ж Ъ ш г в ё Й Г БЦ - ж Ъ ж г в ё Й Г БЦ

창의력을 인적성 시험으로 평가한다는 게 조금 우습긴 합니다. 그렇기 때문에 면접처럼 화려한 답변을 원하는 것은 아닙니다. 인적성 창의력 유형은 최소한의 창의력조차 없는 사람을 거르는 정도로 보통 사용하고, 대다수 인원이 응시하는 시험이기 때문에 답안을 하나하나 분석하지는 않습니다. 단, 면접 기초자료로는 쓰일 수 있으니 노래 가사 같은 것을 적는 일은 없어야 하겠습니다.

Advice.   창의력문제로 가장 많이 사용되는 유형은 그림을 보고 떠오르는 것들을 쭉 나열하는 문제입니다. 답안이 실제로 어떻게 작성되었느냐는 크게 중요하지 않습니다. 그냥 많은 답안을 작성하는 것이 최고입니다. 막상 시험장에서는 막막한 경우가 많이 있는데, 어떤 그림이 나와도 답안으로 작성할 수 있는 조각 작품, 기업 로고 같은 것을 미리 암기해 두는 것이 하나의 풀잇법입니다.

예제 19-1   다음 각 두개의 도형을 보고 떠오르는 것을 적으시오.

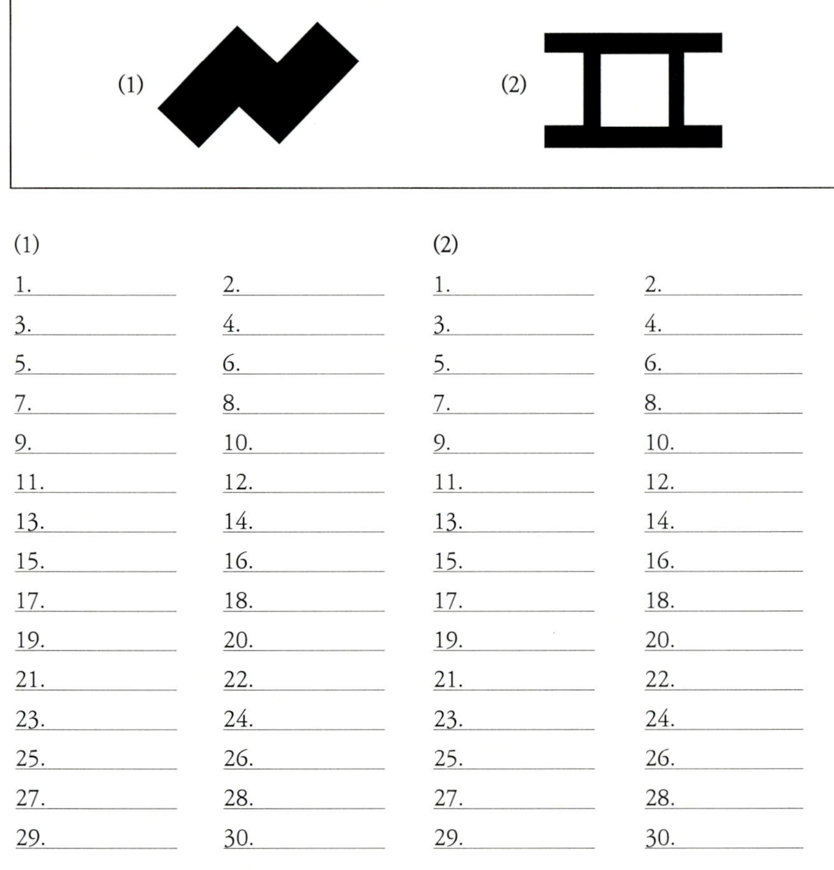

(1)

1. ___________ 2. ___________
3. ___________ 4. ___________
5. ___________ 6. ___________
7. ___________ 8. ___________
9. ___________ 10. ___________
11. ___________ 12. ___________
13. ___________ 14. ___________
15. ___________ 16. ___________
17. ___________ 18. ___________
19. ___________ 20. ___________
21. ___________ 22. ___________
23. ___________ 24. ___________
25. ___________ 26. ___________
27. ___________ 28. ___________
29. ___________ 30. ___________

(2)

1. ___________ 2. ___________
3. ___________ 4. ___________
5. ___________ 6. ___________
7. ___________ 8. ___________
9. ___________ 10. ___________
11. ___________ 12. ___________
13. ___________ 14. ___________
15. ___________ 16. ___________
17. ___________ 18. ___________
19. ___________ 20. ___________
21. ___________ 22. ___________
23. ___________ 24. ___________
25. ___________ 26. ___________
27. ___________ 28. ___________
29. ___________ 30. ___________

Advice. 다양한 방법으로 주어진 문제들을 변환해 봅니다. 회전 변환이나 대칭 형태, 비틀기, 입체로의 변환 등을 이용하면 다양한 상상이 가능합니다. 또한 문자로 바꾸어 마인드 맵을 그려보는 것도 좋습니다. 부정적인 답안은 쓰지 않는 것이 좋습니다.

예제 19-2 다음 그림을 보고 떠오르는 생각을 적으시오.

Advice.   많은 분들이 다 못 푼 문제를 찍어야 하는지 여부에 대해서 질문합니다. 결론적으로 말씀드리자면, 찍는 것이 조금 더 유리합니다.

인적성 검사 출제 기업과 기업 인사 담당자를 통해 알아본 결과, 대부분 기업의 적성검사는 틀린 문제에 대해서 감점이 없거나 부분감점을 적용하고 있습니다. 이에 인적닷컴 연구진은 부분감점을 적용한 기업의 인적성 합격 발표 후 설문조사를 통해 못 푼 문제 찍기 여부에 따른 합불 결과를 조사해 보았습니다. 조사 결과 찍기 여부는 합불에 유의미한 영향을 주지 않았습니다. 따라서, 못 푼 문제는 찍는 것이 기대 획득 점수가 더 높다고 말씀드릴 수 있습니다.

그렇다고 문제를 보지도 않고 찍으시면 절대 안 됩니다. 확실히 답이 아닌 극단적인 보기들은 인적닷컴 필승법에서 제공하는 보기 제거 방법을 이용하시면 상당 부분 제거하실 수 있습니다. 시간이 촉박한 경우 2, 3초 정도라도 들여 확인을 한 후 찍으시면 더 높은 확률로 더 나은 점수를 받으실 수 있습니다.

유형 연습 문제

1 다음 도형을 보고 떠오르는 것을 적으시오.

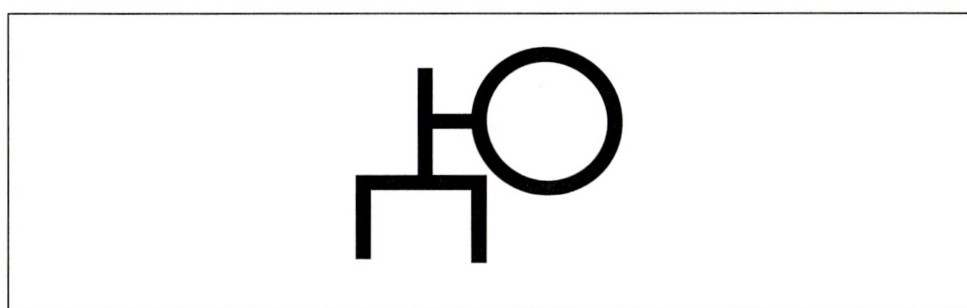

1.	2.	3.	4.
5.	6.	7.	8.
9.	10.	11.	12.
13.	14.	15.	16.
17.	18.	19.	20.
21.	22.	23.	24.
25.	26.	27.	28.
29.	30.		

2 당신이 만약 무인도에 혼자 남는다면 가지고 갈 물건 3가지를 적고 이유를 서술하시오.

1. ____________ 2. ____________ 3. ____________

유형 20 인성

인성검사는 주로 조직에서 요구되는 개인의 특성을 판단하여 조직에 해를 끼칠만한 특성을 배제하기 위해 수행됩니다. 회사가 원하는 방향의 성격으로 본인의 성격을 약간 이동시켜 풀이하는 것 정도의 일관성은 보여주어야 합니다. 또한 배제될만한 불합격 선별 문항을 구분하는 것도 중요합니다.

Advice.   적성검사에서는 찍는 것 또한 중요했지만, 인성검사에서는 무조건 모든 문제를 시간 내에 다 풀어야 하며 찍는 것은 절대 금기입니다. 애매한 문제는 모두에게 애매합니다. 최고의 답변이 아니더라도 생각을 너무 오래 하는 것은 좋지 않습니다.

예제 20-1

오늘은 여자친구와의 1주년 기념일이라 저녁약속을 잡아놓은 상황이다. 그런데 팀장님이 오늘 밤까지 처리해야할 업무를 지시하였다. 당신은 어떻게 하겠는가?

① 여자친구에게 연락해 약속을 미루고 우선적으로 업무를 한다.
② 팀장님이 지시한 업무를 미루고 여자친구와의 약속을 간다.
③ 팀장님께 사정을 이야기 한 후 팀장님의 판단에 맡긴다.
④ 동료에게 일을 부탁한 후 여자친구와의 약속에 간다.
⑤ 여자친구에게 회사에서 만나자고 한 후, 간단히 저녁을먹고 업무를 한다.

Advice.　인성은 입사에 부적합한 사람을 걸러내는 목적도 있지만 그리고 다음 면접의 예비단계로서 질문을 설정하기 위해도 시행됩니다. 이 두 목적에 적합하기 위해서는 자신이 어필하고 싶은 질문에는 일관성을 유지해야 합니다. 단, 욕심을 내어 모든 분야에 긍정적인 답변만 고르지는 않아야 합니다.

예제 20-2　　　다음 질문을 읽고 본인이 해당하는 것에 표기하시오.

① 전혀 아니다.　② 아니다.　③ 보통이다.　④ 그렇다.　⑤ 매우 그렇다.

번호	질문					
1	이익을 위해서라면 약간의 편법도 사용할 수 있다.	①	②	③	④	⑤
2	나는 다른 사람보다 능력이 뛰어나다고 생각한다.	①	②	③	④	⑤
3	미래의 인생에 대해 걱정하지 않는다.	①	②	③	④	⑤
4	국민의 행복을 위해서는 세금을 줄이는 것이 낫다.	①	②	③	④	⑤
5	주변인들이 나를 잘 따르는 편이다.	①	②	③	④	⑤
6	매사에 적극적인 편이다.	①	②	③	④	⑤
7	되도록 규칙이나 법률을 준수한다.	①	②	③	④	⑤
8	나는 나 자신에 만족하는 편이다.	①	②	③	④	⑤
9	수업시간에 발표하는 것을 꺼리지 않는다.	①	②	③	④	⑤
10	나는 다가올 내일이 불안하지 않다.	①	②	③	④	⑤
11	동료와 함께하는 것이 더 효율적이다.	①	②	③	④	⑤
12	복지증대는 미래에 대한 투자로 받아들여야 한다.	①	②	③	④	⑤

정답 및 풀이　　1-7 준법성, 2-8 자존감, 3-10 침착성, 4-12 사회성향, 5-11대인관계, 6-9 적극성
본인이 한가지 컨셉을 밀고싶은 경우 위와 같은 질문에 일관성을 갖고 답변하는 것이 유리합니다.

Advice. 인성에서 가장 주의해야 할 점은 불합격자를 선별하기 위한 답안을 낚이는 것입니다. 특히 '남의 물건을 탐낸 적이 있다.', '살면서 거짓말을 한 번도 한 적이 없다.' 같은 질문에 잘못 대답하면 답변의 신뢰도도 낮아지고 사소한 것에 거짓을 말하는 사람으로 낙인이 됩니다. 그렇다고 해서 '상사의 지시라면 불법이어도 무조건 따르겠다.' 같은 기업윤리와 관련된 부분까지 그렇다고 긍정해서는 안 됩니다.

예제 20-3   다음 질문을 읽고 본인이 해당하는 것에 표기하시오.

① 그렇다.   ② 아니다.

번호	질문		
1	나에게 원칙에 어긋나는 것은 절대 상상할 수 없는 일이다.	①	②
2	무슨 일이든 일을 하는 것은 항상 즐겁다.	①	②
3	살면서 약속을 단 한 번도 어기지 않았다.	①	②
4	나는 남의 물건이 단 한 번도 탐난 적이 없다.	①	②
5	나는 가끔 화가 날 때가 있다.	①	②
6	나는 한 번도 실수를 한 적이 없다.	①	②
7	보수가 아무리 적더라도 같은 마음으로 일 할 수 있다.	①	②
8	나를 화나게 하는 사람은 한 명도 없었다.	①	②
9	거짓말을 한 번도 한 적이 없다.	①	②
10	회사의 손실을 줄이기 위해 불법 폐수 방류를 할 수 있다.	①	②
11	무슨 일을 하든 간에 끝낼 때까지는 자리에서 일어나지 않는다.	①	②
12	슬픈 영화에서 감동 해본 적이 없을 정도로 냉철하다.	①	②
13	남을 속이지 않을뿐더러 나를 속이는 것은 절대로 참을 수 없다.	①	②
14	회사의 이익을 위해서는 거래처 직원을 속일 수 있다.	①	②

정답 및 풀이

원칙주의적 1, 4 진위성 부적합 2, 3, 5, 7, 8, 9
완벽주의적 6, 11 위법성 10, 14 공감능력 부재 12, 13
이런 질문을 모아놓아 간단해 보이지만 여러 문제 속에 들어있는 경우 혼동이 올 수도 있습니다.

유형 연습 문제

1 다음 질문을 읽고 본인이 해당하는 것에 표기하시오.

① 전혀 아니다.　　② 아니다.　　　③ 보통이다.　　　④ 그렇다.　　　⑤ 매우 그렇다.

번호	질문					
1	나는 남을 설득하는 것은 자신 있다.	①	②	③	④	⑤
2	나는 다른 사람보다 능력이 뛰어나다고 생각한다.	①	②	③	④	⑤
3	모임이나 파티에 나가는 것이 거리낌이 없다.	①	②	③	④	⑤
4	나에게 원칙에 어긋나는 것은 절대 상상할 수 없는 일이다.	①	②	③	④	⑤
5	내가 원하는 방향으로 일이 풀리지 않으면 답답하다.	①	②	③	④	⑤
6	나는 남의 물건이 단 한 번도 탐난 적이 없다.	①	②	③	④	⑤
7	처음 만나는 사람과도 어려움이 없다.	①	②	③	④	⑤
8	거짓말을 한 번도 한 적이 없다.	①	②	③	④	⑤
9	회사의 손실을 줄이기 위해 불법 폐수 방류를 할 수 있다.	①	②	③	④	⑤
10	나는 다가올 내일이 불안하지 않다.	①	②	③	④	⑤
11	비가 오는 날이면 기분이 달라지는 것 같다.	①	②	③	④	⑤
12	복지는 미래에 대한 투자로 받아들여야 한다.	①	②	③	④	⑤
13	나는 스트레스를 잘 푸는 편이다.	①	②	③	④	⑤
14	보수가 아무리 적더라도 같은 마음으로 일 할 수 있다.	①	②	③	④	⑤
15	동료와 함께하는 것이 더 효율적이다.	①	②	③	④	⑤
16	나는 존경하는 사람이 많다.	①	②	③	④	⑤
17	나는 가끔 화가 날 때가 있다.	①	②	③	④	⑤
18	나는 한 번도 실수를 한 적이 없다.	①	②	③	④	⑤
19	무거운 짐을 든 노약자를 보면 지나치지 못한다.	①	②	③	④	⑤
20	이익을 위해서라면 약간의 편법도 사용할 수 있다.	①	②	③	④	⑤
21	글로 쓰여 있는 것보다 도표로 주어진 것이 편하다.	①	②	③	④	⑤
22	회사의 이익을 위해서는 거래처 직원을 속일 수 있다.	①	②	③	④	⑤
23	긍정적이라는 말을 많이 듣는 편이다.	①	②	③	④	⑤
24	나는 나 자신에 만족하는 편이다.	①	②	③	④	⑤
25	여행을 좋아하는 편이다.	①	②	③	④	⑤

번호	질문					
26	슬픈 영화에서 감동 해본 적이 없을 정도로 냉철하다.	①	②	③	④	⑤
27	보통 일을 하면 주도적으로 하는 편이다.	①	②	③	④	⑤
28	사회적 지위가 자신감을 만드는 것으로 생각한다.	①	②	③	④	⑤
29	불을 보면 기분이 이상하다.	①	②	③	④	⑤
30	국민의 행복을 위해서는 세금을 줄이는 것이 낫다.	①	②	③	④	⑤
31	주변인들이 나를 잘 따르는 편이다.	①	②	③	④	⑤
32	고민하는 시간에 일하는 편이 낫다.	①	②	③	④	⑤
33	물건을 쓴 후에는 항상 정리정돈을 하는 편이다.	①	②	③	④	⑤
34	무슨 일이든 일을 하는 것은 항상 즐겁다.	①	②	③	④	⑤
35	살면서 약속을 단 한 번도 어기지 않았다.	①	②	③	④	⑤
36	나를 화나게 하는 사람은 한 명도 없었다.	①	②	③	④	⑤
37	사회적 지위가 낮은 사람은 노력하지 않은 것으로 생각한다.	①	②	③	④	⑤
38	항상 나만의 원칙을 정해놓고 그대로 처리한다.	①	②	③	④	⑤
39	무슨 일을 하든 간에 끝낼 때까지는 자리에서 일어나지 않는다.	①	②	③	④	⑤
40	매사에 적극적인 편이다.	①	②	③	④	⑤
41	경쟁에서 이기기 위해서 가끔 거짓을 말한다.	①	②	③	④	⑤
42	미래의 인생에 대해 걱정하지 않는다.	①	②	③	④	⑤
43	내가 신중한 편이라고 생각한다.	①	②	③	④	⑤
44	남을 속이지 않을뿐더러 나를 속이는 것은 절대로 참을 수 없다.	①	②	③	④	⑤
45	결과가 가장 중요하다.	①	②	③	④	⑤
46	되도록 규칙이나 법률을 준수한다.	①	②	③	④	⑤
47	몸으로 부딪히는 일을 꺼린다.	①	②	③	④	⑤
48	수업시간에 발표하는 것을 꺼리지 않는다.	①	②	③	④	⑤
49	남이 가진 것에 질투를 많이 하는 편이다.	①	②	③	④	⑤
50	새로운 일을 하면 두려운 마음이 든다.	①	②	③	④	⑤

부록

기초 이론
수열 테이블
암호 테이블
전개도

◆ 기초연산 유형 기초 이론

1. 사칙연산

· 연산의 기본인 덧셈, 뺄셈, 곱셈, 나눗셈을 이야기 합니다.

2. 연산 우선순위

· 왼쪽부터 오른쪽 순서로 연산한다.
· 괄호가 있다면 괄호 안을 우선적으로 연산한다.
· 지수(제곱, 세제곱 등)를 그 다음으로 연산한다.
· 곱셈과 나눗셈을 연산한다.
· 마지막으로 덧셈과 뺄셈을 계산한다.

3. 수의 개념

· 소수 : 1을 제외한 자연수 중에서 약수로 1과 자기자신만을 갖는 수. (약수가 두 개)
· 합성수 : 1을 제외한 자연수 중에서 소수가 아닌 수. (약수가 세 개 이상)
· 소인수분해 : 특정한 합성수를 소수의 곱으로 나타낸 것.
· 약수의 개수 : $N = p^a q^b r^c$ 로 소인수분해가 될 경우, $(a+1)(b+1)(c+1)$개.

4. 단위변환

· 길이
1,000,000밀리미터(mm) = 100,000센티미터(cm) = 1,000미터(m) = 1킬로미터(km)
1,000밀리미터(mm) = 100센티미터(cm) = 1미터(m)

· 넓이
1,000,000제곱미터(m^2) = 1제곱킬로미터(km^2)

· 무게
1,000그램(g) = 1킬로그램(kg)
1,000,000,000밀리그램(mg) = 1,000,000그램(g) = 1,000킬로그램(kg) = 1톤(t)

· 부피
1,000밀리리터(㎖) = 1,000세제곱센티미터(cm^3) = 1리터(ℓ)
1,000,000밀리리터(㎖) = 1,000,000세제곱센티미터(cm^3) = 1,000리터(ℓ)
　= 1세제곱미터(m^3)

· 시간
1일 = 24시간 = 1,440분 = 86,400초
1시간 = 60분 = 3,600초
1분 = 60초

· 속도
1 m/s = 3,600 m/h = 0.001 km/s = 3.6 km/h

◆ 확률과 통계 유형 기초 이론

1. 경우의 수

· 사건 A가 일어나는 경우의 수가 X가지이고, B가 일어나는 경우의 수가 Y가지 일때,
　사건 A또는 B가 일어날 경우의 수 : X + Y가지.
　사건 A와 B가 동시에 일어나는 경우의 수 : X × Y가지.
· 서로 다른 n개를 순서대로 나열하는 경우의 수 : n × n-1 × n-2 × ... × 1 = n!
· 팩토리얼(n!) : 서로 다른 n개를 순서대로 나열하는 경우의 수.

2. 순열과 조합

· 순열($_nP_r$) : 서로 다른 n개 중에 r개를 뽑아 순서대로 나열하는 경우의 수.
　$_nP_r$ = n! / (n-r)!
· 조합($_nC_r$) : 서로 다른 n개 중에 r개를 뽑는 경우의 수.
　$_nC_r$ = $_nP_r$ / r!
　$_nC_0$ = $_nC_n$ = 1, $_nC_r$ = $_nC_{n-r}$, $_nC_0$ + $_nC_1$ + ... + $_nC_n$ = 2^n
· 같은것이 각각 a, b개 씩 있을 때 나열하는 경우의 수 : (a+b)!/a!b!
· 원순열 : 서로 다른 n개 중에 r개를 뽑아 원형으로 나열하는 경우의 수. = $_nP_r$ / r

3. 확률

· A 또는 B 사건이 일어날 확률 :
　1. A와 B가 동시에 일어날 수 없는 사건이라면, 각 사건의 확률의 합과 같다.
　2. A와 B가 동시에 일어날 수 있는 사건이라면, 각 사건의 확률의 합에 두 사건이 동시에
　일어날 확률을 빼 주어야 한다.
· A와 B 사건이 동시에 일어날 확률 :
　1. A와 B가 서로 영향을 미치지 않을 경우(독립사건), 각 사건의 확률의 곱과 같다.
　2. A와 B가 서로 영향을 주는 경우(종속사건), A의 확률 × A사건이 일어났을때의 B의 확
　률 이다.

◆ 응용수리 유형 기초 이론

1. 속도

  · 속도 = 시간 × 거리
  · 강을 거슬러 올라갈때 배의 속도 = 배의 실제 속도 − 강의 유속
  · 강을 따라 내려갈때는 배의 속도 = 배의 실제 속도 + 강의 유속
  · 기차가 터널을 완전히 통과하기 위한 거리 = 터널 + 기차의 길이
  · 서로 마주보고 움직일 경우 : 속도의 합 만큼 가까워진다.
  · 같은 곳에서 서로 나란히 걸을 때 : 속도의 차 만큼 멀어진다.

2. 가격

  · 대출 금액의 연이율이 X %인 경우 1년 후 갚아야 할 돈 : 원금 × (100+X) × 0.01

3. 일

  · 일의 전체 양을 1로 놓고 푼다.
  · X는 일을 하는데 10일이 걸린다. = X의 일률은 1/10 이다.

4. 농도

  · X% 라는 것은 100g의 용액안에 Xg의 물질이 녹아있다는 것이다.
  · 용액이란 물과 녹아있는 물질을 모두 합한 것이다.

5. 비례식

  · a:b = c:d 일때, b × c = a × d 가 항상 성립한다.
  · a:c = b:d 일때도 b × c = a × d 가 성립하므로, a : b = c : d 와도 같은 의미이다.

6. 내분점

  · A와 B를 m:n으로 내분하는 점 X를 구하는 공식 : X = (mB+nA) / (m+n)

◆ 도형 유형 기초 이론

1. 다각형

다각형	선분의 개수	내각의 합	외각의 합
삼각형	3	180°	180°
사각형	4	180° × 2	180°
오각형	5	180° × 3	180°
…			
n각형	n	180° × n	180°

2. 정다면체

다면체	점	선	면
정사면체	4	6	4
정육면체	8	12	6
정팔면제	6	12	8
정십이면체	20	30	12
정이십면체	12	30	20

3. 삼각비

θ	$\sin \theta$	$\cos \theta$	$\tan \theta$
0°	0	1	0
30°	1/2	$\sqrt{3}/2$	$\sqrt{3}/3$
45°	$\sqrt{2}/2$	$\sqrt{2}/2$	1
60°	$\sqrt{3}/2$	1/2	$\sqrt{3}$
90°	1	0	

부록 2 : 수열 테이블

◆ 초항에 따른 수열의 변화

※ 초항을 입력해 수열의 변화를 한 눈에 알아볼 수 있는 엑셀 파일을 *injeok.com* 에서 제공하고 있습니다.

· 1로 시작하는 수열

	피보나치 수열	1	1	2	3	5	8	13	21
$X_2 =$	$2X_1$	1	2	4	8	16	32	64	128
	$3X_1$	1	3	9	27	81	243	729	2187
	$4X_1$	1	4	16	64	256	1024	4096	16384
	$5X_1$	1	5	25	125	625	3125	15625	78125
	$2X_1 +1$	1	3	7	15	31	63	127	255
	$2X_1 +2$	1	4	10	22	46	94	190	382
	$2X_1 +3$	1	5	13	29	61	125	253	509
	$2X_1 +4$	1	6	16	36	76	156	316	636
	$3X_1 +1$	1	4	13	40	121	364	1093	3280
	$3X_1 +2$	1	5	17	53	161	485	1457	4373
	$4X_1 +1$	1	5	21	85	341	1365	5461	21845
	$4X_1 +2$	1	6	26	106	426	1706	6826	27306
	$4X_1 +3$	1	7	31	127	511	2047	8191	32767
	$5X_1 +1$	1	6	31	156	781	3906	19531	97656
	$5X_1 +2$	1	7	37	187	937	4687	23437	117187
	$5X_1 +3$	1	8	43	218	1093	5468	27343	136718
	$5X_1 +4$	1	9	49	249	1249	6249	31249	156249
	$6X_1 +1$	1	7	43	259	1555	9331	55987	335923
	$6X_1 +2$	1	8	50	302	1814	10886	65318	391910
	$7X_1 +1$	1	8	57	400	2801	19608	137257	960800
	$7X_1 +2$	1	9	65	457	3201	22409	156865	1098057
	$8X_1 +1$	1	9	73	585	4681	37449	299593	2396745
	$9X_1 +1$	1	10	91	820	7381	66430	597871	5380840
	$10X_1 +1$	1	11	111	1111	11111	111111	1111111	11111111
	$11X_1 +1$	1	12	133	1464	16105	177156	1948717	21435888
	$12X_1 +1$	1	13	157	1885	22621	271453	3257437	39089245
	$N^{\wedge}X_1$	1	2	3	4	5	6	7	8
	$X_1 {}^{\wedge}N$	1	1	1	1	1	1	1	1
	$N^{\wedge}N$	1	4	27	256	3125	46656	823543	16777216
	$N^{\wedge}X_1 +1$	2	3	4	5	6	7	8	9
	$N^{\wedge}X_1 -1$	0	1	2	3	4	5	6	7
	$X_1 {}^{\wedge}N+1$	2	2	2	2	2	2	2	2
	$X_1 {}^{\wedge}N_1 -1$	0	0	0	0	0	0	0	0

약수	1							

· 2로 시작하는 수열

피보나치 수열		2	2	4	6	10	16	26	42
$X_2 =$	$2X_1$	2	4	8	16	32	64	128	256
	$3X_1$	2	6	18	54	162	486	1458	4374
	$4X_1$	2	8	32	128	512	2048	8192	32768
	$5X_1$	2	10	50	250	1250	6250	31250	156250
	$2X_1+1$	2	5	11	23	47	95	191	383
	$2X_1+2$	2	6	14	30	62	126	254	510
	$2X_1+3$	2	7	17	37	77	157	317	637
	$2X_1+4$	2	8	20	44	92	188	380	764
	$3X_1+1$	2	7	22	67	202	607	1822	5467
	$3X_1+2$	2	8	26	80	242	728	2186	6560
	$4X_1+1$	2	9	37	149	597	2389	9557	38229
	$4X_1+2$	2	10	42	170	682	2730	10922	43690
	$4X_1+3$	2	11	47	191	767	3071	12287	49151
	$5X_1+1$	2	11	56	281	1406	7031	35156	175781
	$5X_1+2$	2	12	62	312	1562	7812	39062	195312
	$5X_1+3$	2	13	68	343	1718	8593	42968	214843
	$5X_1+4$	2	14	74	374	1874	9374	46874	234374
	$6X_1+1$	2	13	79	475	2851	17107	102643	615859
	$6X_1+2$	2	14	86	518	3110	18662	111974	671846
	$7X_1+1$	2	15	106	743	5202	36415	254906	1784343
	$7X_1+2$	2	16	114	800	5602	39216	274514	1921600
	$8X_1+1$	2	17	137	1097	8777	70217	561737	4493897
	$9X_1+1$	2	19	172	1549	13942	125479	1129312	10163809
	$10X_1+1$	2	21	211	2111	21111	211111	2111111	21111111
	$11X_1+1$	2	23	254	2795	30746	338207	3720278	40923059
	$12X_1+1$	2	25	301	3613	43357	520285	6243421	74921053
	$N\hat{\ }X_1$	1	4	9	16	25	36	49	64
	$X_1\hat{\ }N$	2	4	8	16	32	64	128	256
	$N\hat{\ }N$	1	4	27	256	3125	46656	823543	16777216
	$N\hat{\ }X_1+1$	2	5	10	17	26	37	50	65
	$N\hat{\ }X_1-1$	0	3	8	15	24	35	48	63
	$X_1\hat{\ }N+1$	3	5	9	17	33	65	129	257
	$X_1\hat{\ }N_1-1$	1	3	7	15	31	63	127	255

약수		2	1						

피보나치 수열	3	3	6	9	15	24	39	63
$X_2 = 2X_1$	3	6	12	24	48	96	192	384
$3X_1$	3	9	27	81	243	729	2187	6561
$4X_1$	3	12	48	192	768	3072	12288	49152
$5X_1$	3	15	75	375	1875	9375	46875	234375
$2X_1+1$	3	7	15	31	63	127	255	511
$2X_1+2$	3	8	18	38	78	158	318	638
$2X_1+3$	3	9	21	45	93	189	381	765
$2X_1+4$	3	10	24	52	108	220	444	892
$3X_1+1$	3	10	31	94	283	850	2551	7654
$3X_1+2$	3	11	35	107	323	971	2915	8747
$4X_1+1$	3	13	53	213	853	3413	13653	54613
$4X_1+2$	3	14	58	234	938	3754	15018	60074
$4X_1+3$	3	15	63	255	1023	4095	16383	65535
$5X_1+1$	3	16	81	406	2031	10156	50781	253906
$5X_1+2$	3	17	87	437	2187	10937	54687	273437
$5X_1+3$	3	18	93	468	2343	11718	58593	292968
$5X_1+4$	3	19	99	499	2499	12499	62499	312499
$6X_1+1$	3	19	115	691	4147	24883	149299	895795
$6X_1+2$	3	20	122	734	4406	26438	158630	951782
$7X_1+1$	3	22	155	1086	7603	53222	372555	2607886
$7X_1+2$	3	23	163	1143	8003	56023	392163	2745143
$8X_1+1$	3	25	201	1609	12873	102985	823881	6591049
$9X_1+1$	3	28	253	2278	20503	184528	1660753	14946778
$10X_1+1$	3	31	311	3111	31111	311111	3111111	31111111
$11X_1+1$	3	34	375	4126	45387	499258	5491839	60410230
$12X_1+1$	3	37	445	5341	64093	769117	9229405	110752861
N^{X_1}	1	8	27	64	125	216	343	512
$X_1{}^N$	3	9	27	81	243	729	2187	6561
N^N	1	4	27	256	3125	46656	823543	16777216
$N^{X_1}+1$	2	9	28	65	126	217	344	513
$N^{X_1}-1$	0	7	26	63	124	215	342	511
$X_1{}^N+1$	4	10	28	82	244	730	2188	6562
$X_1{}^{N_1}-1$	2	8	26	80	242	728	2186	6560

약수	3	1						

· 4로 시작하는 수열

피보나치 수열		4	4	8	12	20	32	52	84
$X_2 =$	$2X_1$	4	8	16	32	64	128	256	512
	$3X_1$	4	12	36	108	324	972	2916	8748
	$4X_1$	4	16	64	256	1024	4096	16384	65536
	$5X_1$	4	20	100	500	2500	12500	62500	312500
	$2X_1 +1$	4	9	19	39	79	159	319	639
	$2X_1 +2$	4	10	22	46	94	190	382	766
	$2X_1 +3$	4	11	25	53	109	221	445	893
	$2X_1 +4$	4	12	28	60	124	252	508	1020
	$3X_1 +1$	4	13	40	121	364	1093	3280	9841
	$3X_1 +2$	4	14	44	134	404	1214	3644	10934
	$4X_1 +1$	4	17	69	277	1109	4437	17749	70997
	$4X_1 +2$	4	18	74	298	1194	4778	19114	76458
	$4X_1 +3$	4	19	79	319	1279	5119	20479	81919
	$5X_1 +1$	4	21	106	531	2656	13281	66406	332031
	$5X_1 +2$	4	22	112	562	2812	14062	70312	351562
	$5X_1 +3$	4	23	118	593	2968	14843	74218	371093
	$5X_1 +4$	4	24	124	624	3124	15624	78124	390624
	$6X_1 +1$	4	25	151	907	5443	32659	195955	1175731
	$6X_1 +2$	4	26	158	950	5702	34214	205286	1231718
	$7X_1 +1$	4	29	204	1429	10004	70029	490204	3431429
	$7X_1 +2$	4	30	212	1486	10404	72830	509812	3568686
	$8X_1 +1$	4	33	265	2121	16969	135753	1086025	8688201
	$9X_1 +1$	4	37	334	3007	27064	243577	2192194	19729747
	$10X_1 +1$	4	41	411	4111	41111	411111	4111111	41111111
	$11X_1 +1$	4	45	496	5457	60028	660309	7263400	79897401
	$12X_1 +1$	4	49	589	7069	84829	1017949	12215389	146584669
	$N{\char`\^}X_1$	1	16	81	256	625	1296	2401	4096
	$X_1{\char`\^}N$	4	16	64	256	1024	4096	16384	65536
	$N{\char`\^}N$	1	4	27	256	3125	46656	823543	16777216
	$N{\char`\^}X_1 +1$	2	17	82	257	626	1297	2402	4097
	$N{\char`\^}X_1 -1$	0	15	80	255	624	1295	2400	4095
	$X_1{\char`\^}N+1$	5	17	65	257	1025	4097	16385	65537
	$X_1{\char`\^}N_1 -1$	3	15	63	255	1023	4095	16383	65535

약수		4	2	1					

· 5로 시작하는 수열

피보나치 수열		5	5	10	15	25	40	65	105
$X_2 =$	$2X_1$	5	10	20	40	80	160	320	640
	$3X_1$	5	15	45	135	405	1215	3645	10935
	$4X_1$	5	20	80	320	1280	5120	20480	81920
	$5X_1$	5	25	125	625	3125	15625	78125	390625
	$2X_1 +1$	5	11	23	47	95	191	383	767
	$2X_1 +2$	5	12	26	54	110	222	446	894
	$2X_1 +3$	5	13	29	61	125	253	509	1021
	$2X_1 +4$	5	14	32	68	140	284	572	1148
	$3X_1 +1$	5	16	49	148	445	1336	4009	12028
	$3X_1 +2$	5	17	53	161	485	1457	4373	13121
	$4X_1 +1$	5	21	85	341	1365	5461	21845	87381
	$4X_1 +2$	5	22	90	362	1450	5802	23210	92842
	$4X_1 +3$	5	23	95	383	1535	6143	24575	98303
	$5X_1 +1$	5	26	131	656	3281	16406	82031	410156
	$5X_1 +2$	5	27	137	687	3437	17187	85937	429687
	$5X_1 +3$	5	28	143	718	3593	17968	89843	449218
	$5X_1 +4$	5	29	149	749	3749	18749	93749	468749
	$6X_1 +1$	5	31	187	1123	6739	40435	242611	1455667
	$6X_1 +2$	5	32	194	1166	6998	41990	251942	1511654
	$7X_1 +1$	5	36	253	1772	12405	86836	607853	4254972
	$7X_1 +2$	5	37	261	1829	12805	89637	627461	4392229
	$8X_1 +1$	5	41	329	2633	21065	168521	1348169	10785353
	$9X_1 +1$	5	46	415	3736	33625	302626	2723635	24512716
	$10X_1 +1$	5	51	511	5111	51111	511111	5111111	51111111
	$11X_1 +1$	5	56	617	6788	74669	821360	9034961	99384572
	$12X_1 +1$	5	61	733	8797	105565	1266781	15201373	182416477
	$N\textasciicircum X_1$	1	32	243	1024	3125	7776	16807	32768
	$X_1 \textasciicircum N$	5	25	125	625	3125	15625	78125	390625
	$N\textasciicircum N$	1	4	27	256	3125	46656	823543	16777216
	$N\textasciicircum X_1 +1$	2	33	244	1025	3126	7777	16808	32769
	$N\textasciicircum X_1 -1$	0	31	242	1023	3124	7775	16806	32767
	$X_1 \textasciicircum N+1$	6	26	126	626	3126	15626	78126	390626
	$X_1 \textasciicircum N_1 -1$	4	24	124	624	3124	15624	78124	390624

약수		5	1						

· 6으로 시작하는 수열

피보나치 수열		6	6	12	18	30	48	78	126
X_2 =	$2X_1$	6	12	24	48	96	192	384	768
	$3X_1$	6	18	54	162	486	1458	4374	13122
	$4X_1$	6	24	96	384	1536	6144	24576	98304
	$5X_1$	6	30	150	750	3750	18750	93750	468750
	$2X_1+1$	6	13	27	55	111	223	447	895
	$2X_1+2$	6	14	30	62	126	254	510	1022
	$2X_1+3$	6	15	33	69	141	285	573	1149
	$2X_1+4$	6	16	36	76	156	316	636	1276
	$3X_1+1$	6	19	58	175	526	1579	4738	14215
	$3X_1+2$	6	20	62	188	566	1700	5102	15308
	$4X_1+1$	6	25	101	405	1621	6485	25941	103765
	$4X_1+2$	6	26	106	426	1706	6826	27306	109226
	$4X_1+3$	6	27	111	447	1791	7167	28671	114687
	$5X_1+1$	6	31	156	781	3906	19531	97656	488281
	$5X_1+2$	6	32	162	812	4062	20312	101562	507812
	$5X_1+3$	6	33	168	843	4218	21093	105468	527343
	$5X_1+4$	6	34	174	874	4374	21874	109374	546874
	$6X_1+1$	6	37	223	1339	8035	48211	289267	1735603
	$6X_1+2$	6	38	230	1382	8294	49766	298598	1791590
	$7X_1+1$	6	43	302	2115	14806	103643	725502	5078515
	$7X_1+2$	6	44	310	2172	15206	106444	745110	5215772
	$8X_1+1$	6	49	393	3145	25161	201289	1610313	12882505
	$9X_1+1$	6	55	496	4465	40186	361675	3255076	29295685
	$10X_1+1$	6	61	611	6111	61111	611111	6111111	61111111
	$11X_1+1$	6	67	738	8119	89310	982411	10806522	118871743
	$12X_1+1$	6	73	877	10525	126301	1515613	18187357	218248285
	$N^{\wedge}X_1$	1	64	729	4096	15625	46656	117649	262144
	$X_1{}^{\wedge}N$	6	36	216	1296	7776	46656	279936	1679616
	$N^{\wedge}N$	1	4	27	256	3125	46656	823543	16777216
	$N^{\wedge}X_1+1$	2	65	730	4097	15626	46657	117650	262145
	$N^{\wedge}X_1-1$	0	63	728	4095	15624	46655	117648	262143
	$X_1{}^{\wedge}N+1$	7	37	217	1297	7777	46657	279937	1679617
	$X_1{}^{\wedge}N_1-1$	5	35	215	1295	7775	46655	279935	1679615

약수	6	3	2	1				

· 7로 시작하는 수열

피보나치 수열		7	7	14	21	35	56	91	147
$X_2=$	$2X_1$	7	14	28	56	112	224	448	896
	$3X_1$	7	21	63	189	567	1701	5103	15309
	$4X_1$	7	28	112	448	1792	7168	28672	114688
	$5X_1$	7	35	175	875	4375	21875	109375	546875
	$2X_1+1$	7	15	31	63	127	255	511	1023
	$2X_1+2$	7	16	34	70	142	286	574	1150
	$2X_1+3$	7	17	37	77	157	317	637	1277
	$2X_1+4$	7	18	40	84	172	348	700	1404
	$3X_1+1$	7	22	67	202	607	1822	5467	16402
	$3X_1+2$	7	23	71	215	647	1943	5831	17495
	$4X_1+1$	7	29	117	469	1877	7509	30037	120149
	$4X_1+2$	7	30	122	490	1962	7850	31402	125610
	$4X_1+3$	7	31	127	511	2047	8191	32767	131071
	$5X_1+1$	7	36	181	906	4531	22656	113281	566406
	$5X_1+2$	7	37	187	937	4687	23437	117187	585937
	$5X_1+3$	7	38	193	968	4843	24218	121093	605468
	$5X_1+4$	7	39	199	999	4999	24999	124999	624999
	$6X_1+1$	7	43	259	1555	9331	55987	335923	2015539
	$6X_1+2$	7	44	266	1598	9590	57542	345254	2071526
	$7X_1+1$	7	50	351	2458	17207	120450	843151	5902058
	$7X_1+2$	7	51	359	2515	17607	123251	862759	6039315
	$8X_1+1$	7	57	457	3657	29257	234057	1872457	14979657
	$9X_1+1$	7	64	577	5194	46747	420724	3786517	34078654
	$10X_1+1$	7	71	711	7111	71111	711111	7111111	71111111
	$11X_1+1$	7	78	859	9450	103951	1143462	12578083	138358914
	$12X_1+1$	7	85	1021	12253	147037	1764445	21173341	254080093
	N^{X_1}	1	128	2187	16384	78125	279936	823543	2097152
	$X_1{}^{N}$	7	49	343	2401	16807	117649	823543	5764801
	N^{N}	1	4	27	256	3125	46656	823543	16777216
	$N^{X_1}+1$	2	129	2188	16385	78126	279937	823544	2097153
	$N^{X_1}-1$	0	127	2186	16383	78124	279935	823542	2097151
	$X_1{}^{N}+1$	8	50	344	2402	16808	117650	823544	5764802
	$X_1{}^{N_1}-1$	6	48	342	2400	16806	117648	823542	5764800

약수		7	1						

피보나치 수열	8	8	16	24	40	64	104	168
$X_2 =$ $2X_1$	8	16	32	64	128	256	512	1024
$3X_1$	8	24	72	216	648	1944	5832	17496
$4X_1$	8	32	128	512	2048	8192	32768	131072
$5X_1$	8	40	200	1000	5000	25000	125000	625000
$2X_1+1$	8	17	35	71	143	287	575	1151
$2X_1+2$	8	18	38	78	158	318	638	1278
$2X_1+3$	8	19	41	85	173	349	701	1405
$2X_1+4$	8	20	44	92	188	380	764	1532
$3X_1+1$	8	25	76	229	688	2065	6196	18589
$3X_1+2$	8	26	80	242	728	2186	6560	19682
$4X_1+1$	8	33	133	533	2133	8533	34133	136533
$4X_1+2$	8	34	138	554	2218	8874	35498	141994
$4X_1+3$	8	35	143	575	2303	9215	36863	147455
$5X_1+1$	8	41	206	1031	5156	25781	128906	644531
$5X_1+2$	8	42	212	1062	5312	26562	132812	664062
$5X_1+3$	8	43	218	1093	5468	27343	136718	683593
$5X_1+4$	8	44	224	1124	5624	28124	140624	703124
$6X_1+1$	8	49	295	1771	10627	63763	382579	2295475
$6X_1+2$	8	50	302	1814	10886	65318	391910	2351462
$7X_1+1$	8	57	400	2801	19608	137257	960800	6725601
$7X_1+2$	8	58	408	2858	20008	140058	980408	6862858
$8X_1+1$	8	65	521	4169	33353	266825	2134601	17076809
$9X_1+1$	8	73	658	5923	53308	479773	4317958	38861623
$10X_1+1$	8	81	811	8111	81111	811111	8111111	81111111
$11X_1+1$	8	89	980	10781	118592	1304513	14349644	157846085
$12X_1+1$	8	97	1165	13981	167773	2013277	24159325	289911901
$N^{\wedge}X_1$	1	256	6561	65536	390625	1679616	5764801	16777216
$X_1{}^{\wedge}N$	8	64	512	4096	32768	262144	2097152	16777216
$N^{\wedge}N$	1	4	27	256	3125	46656	823543	16777216
$N^{\wedge}X_1+1$	2	257	6562	65537	390626	1679617	5764802	16777217
$N^{\wedge}X_1-1$	0	255	6560	65535	390624	1679615	5764800	16777215
$X_1{}^{\wedge}N+1$	9	65	513	4097	32769	262145	2097153	16777217
$X_1{}^{\wedge}N_1-1$	7	63	511	4095	32767	262143	2097151	16777215

약수	8	4	2	1				

· 9로 시작하는 수열

피보나치 수열	9	9	18	27	45	72	117	189
$X_2 =$ $2X_1$	9	18	36	72	144	288	576	1152
$3X_1$	9	27	81	243	729	2187	6561	19683
$4X_1$	9	36	144	576	2304	9216	36864	147456
$5X_1$	9	45	225	1125	5625	28125	140625	703125
$2X_1+1$	9	19	39	79	159	319	639	1279
$2X_1+2$	9	20	42	86	174	350	702	1406
$2X_1+3$	9	21	45	93	189	381	765	1533
$2X_1+4$	9	22	48	100	204	412	828	1660
$3X_1+1$	9	28	85	256	769	2308	6925	20776
$3X_1+2$	9	29	89	269	809	2429	7289	21869
$4X_1+1$	9	37	149	597	2389	9557	38229	152917
$4X_1+2$	9	38	154	618	2474	9898	39594	158378
$4X_1+3$	9	39	159	639	2559	10239	40959	163839
$5X_1+1$	9	46	231	1156	5781	28906	144531	722656
$5X_1+2$	9	47	237	1187	5937	29687	148437	742187
$5X_1+3$	9	48	243	1218	6093	30468	152343	761718
$5X_1+4$	9	49	249	1249	6249	31249	156249	781249
$6X_1+1$	9	55	331	1987	11923	71539	429235	2575411
$6X_1+2$	9	56	338	2030	12182	73094	438566	2631398
$7X_1+1$	9	64	449	3144	22009	154064	1078449	7549144
$7X_1+2$	9	65	457	3201	22409	156865	1098057	7686401
$8X_1+1$	9	73	585	4681	37449	299593	2396745	19173961
$9X_1+1$	9	82	739	6652	59869	538822	4849399	43644592
$10X_1+1$	9	91	911	9111	91111	911111	9111111	91111111
$11X_1+1$	9	100	1101	12112	133233	1465564	16121205	177333256
$12X_1+1$	9	109	1309	15709	188509	2262109	27145309	325743709
N^{X_1}	1	512	19683	262144	1953125		10077696	40353607
$X_1{}^N$	9	81	729	6561	59049	531441	4782969	43046721
N^N	1	4	27	256	3125	46656	823543	16777216
$N^{X_1}+1$	2	513	19684	262145	1953126		10077697	40353608
$N^{X_1}-1$	0	511	19682	262143	1953124		10077695	40353606
$X_1{}^N+1$	10	82	730	6562	59050	531442	4782970	43046722
$X_1{}^{N_1}-1$	8	80	728	6560	59048	531440	4782968	43046720

약수	9	3	1					

· 10으로 시작하는 수열

피보나치 수열	10	10	20	30	50	80	130	210
$X_2 =$ $2X_1$	10	20	40	80	160	320	640	1280
$3X_1$	10	30	90	270	810	2430	7290	21870
$4X_1$	10	40	160	640	2560	10240	40960	163840
$5X_1$	10	50	250	1250	6250	31250	156250	781250
$2X_1+1$	10	21	43	87	175	351	703	1407
$2X_1+2$	10	22	46	94	190	382	766	1534
$2X_1+3$	10	23	49	101	205	413	829	1661
$2X_1+4$	10	24	52	108	220	444	892	1788
$3X_1+1$	10	31	94	283	850	2551	7654	22963
$3X_1+2$	10	32	98	296	890	2672	8018	24056
$4X_1+1$	10	41	165	661	2645	10581	42325	169301
$4X_1+2$	10	42	170	682	2730	10922	43690	174762
$4X_1+3$	10	43	175	703	2815	11263	45055	180223
$5X_1+1$	10	51	256	1281	6406	32031	160156	800781
$5X_1+2$	10	52	262	1312	6562	32812	164062	820312
$5X_1+3$	10	53	268	1343	6718	33593	167968	839843
$5X_1+4$	10	54	274	1374	6874	34374	171874	859374
$6X_1+1$	10	61	367	2203	13219	79315	475891	2855347
$6X_1+2$	10	62	374	2246	13478	80870	485222	2911334
$7X_1+1$	10	71	498	3487	24410	170871	1196098	8372687
$7X_1+2$	10	72	506	3544	24810	173672	1215706	8509944
$8X_1+1$	10	81	649	5193	41545	332361	2658889	21271113
$9X_1+1$	10	91	820	7381	66430	597871	5380840	48427561
$10X_1+1$	10	101	1011	10111	101111	1011111	10111111	101111111
$11X_1+1$	10	111	1222	13443	147874	1626615	17892766	196820427
$12X_1+1$	10	121	1453	17437	209245	2510941	30131293	361575517
N^{X_1}	1	1024	59049	1048576		9765625		60466176
X_1^{N}	10	100	1000	10000	100000	1000000	10000000	100000000
N^{N}	1	4	27	256	3125	46656	823543	16777216
$N^{X_1}+1$	2	1025	59050	1048577		9765626		60466177
$N^{X_1}-1$	0	1023	59048	1048575		9765624		60466175
$X_1^{N}+1$	11	101	1001	10001	100001	1000001	10000001	100000001
$X_1^{N_1}-1$	9	99	999	9999	99999	999999	9999999	99999999

약수	10	5	2	1				

피보나치 수열	11	11	22	33	55	88	143	231
X_2 = $2X_1$	11	22	44	88	176	352	704	1408
$3X_1$	11	33	99	297	891	2673	8019	24057
$4X_1$	11	44	176	704	2816	11264	45056	180224
$5X_1$	11	55	275	1375	6875	34375	171875	859375
$2X_1 +1$	11	23	47	95	191	383	767	1535
$2X_1 +2$	11	24	50	102	206	414	830	1662
$2X_1 +3$	11	25	53	109	221	445	893	1789
$2X_1 +4$	11	26	56	116	236	476	956	1916
$3X_1 +1$	11	34	103	310	931	2794	8383	25150
$3X_1 +2$	11	35	107	323	971	2915	8747	26243
$4X_1 +1$	11	45	181	725	2901	11605	46421	185685
$4X_1 +2$	11	46	186	746	2986	11946	47786	191146
$4X_1 +3$	11	47	191	767	3071	12287	49151	196607
$5X_1 +1$	11	56	281	1406	7031	35156	175781	878906
$5X_1 +2$	11	57	287	1437	7187	35937	179687	898437
$5X_1 +3$	11	58	293	1468	7343	36718	183593	917968
$5X_1 +4$	11	59	299	1499	7499	37499	187499	937499
$6X_1 +1$	11	67	403	2419	14515	87091	522547	3135283
$6X_1 +2$	11	68	410	2462	14774	88646	531878	3191270
$7X_1 +1$	11	78	547	3830	26811	187678	1313747	9196230
$7X_1 +2$	11	79	555	3887	27211	190479	1333355	9333487
$8X_1 +1$	11	89	713	5705	45641	365129	2921033	23368265
$9X_1 +1$	11	100	901	8110	72991	656920	5912281	53210530
$10X_1 +1$	11	111	1111	11111	111111	1111111	11111111	111111111
$11X_1 +1$	11	122	1343	14774	162515	1787666	19664327	216307598
$12X_1 +1$	11	133	1597	19165	229981	2759773	33117277	397407325
$N\text{^}X_1$	1	2048	177147		4194304		48828125	362797056
$X_1\text{^}N$	11	121	1331	14641	161051	1771561	19487171	214358881
$N\text{^}N$	1	4	27	256	3125	46656	823543	16777216
$N\text{^}X_1 +1$	2	2049	177148		4194305		48828126	362797057
$N\text{^}X_1 -1$	0	2047	177146		4194303		48828124	362797055
$X_1\text{^}N+1$	12	122	1332	14642	161052	1771562	19487172	214358882
$X_1\text{^}N_1 -1$	10	120	1330	14640	161050	1771560	19487170	214358880

약수	11	1						

· 12로 시작하는 수열

피보나치 수열		12	12	24	36	60	96	156	252
$X_2 =$	$2X_1$	12	24	48	96	192	384	768	1536
	$3X_1$	12	36	108	324	972	2916	8748	26244
	$4X_1$	12	48	192	768	3072	12288	49152	196608
	$5X_1$	12	60	300	1500	7500	37500	187500	937500
	$2X_1+1$	12	25	51	103	207	415	831	1663
	$2X_1+2$	12	26	54	110	222	446	894	1790
	$2X_1+3$	12	27	57	117	237	477	957	1917
	$2X_1+4$	12	28	60	124	252	508	1020	2044
	$3X_1+1$	12	37	112	337	1012	3037	9112	27337
	$3X_1+2$	12	38	116	350	1052	3158	9476	28430
	$4X_1+1$	12	49	197	789	3157	12629	50517	202069
	$4X_1+2$	12	50	202	810	3242	12970	51882	207530
	$4X_1+3$	12	51	207	831	3327	13311	53247	212991
	$5X_1+1$	12	61	306	1531	7656	38281	191406	957031
	$5X_1+2$	12	62	312	1562	7812	39062	195312	976562
	$5X_1+3$	12	63	318	1593	7968	39843	199218	996093
	$5X_1+4$	12	64	324	1624	8124	40624	203124	1015624
	$6X_1+1$	12	73	439	2635	15811	94867	569203	3415219
	$6X_1+2$	12	74	446	2678	16070	96422	578534	3471206
	$7X_1+1$	12	85	596	4173	29212	204485	1431396	10019773
	$7X_1+2$	12	86	604	4230	29612	207286	1451004	10157030
	$8X_1+1$	12	97	777	6217	49737	397897	3183177	25465417
	$9X_1+1$	12	109	982	8839	79552	715969	6443722	57993499
	$10X_1+1$	12	121	1211	12111	121111	1211111	12111111	121111111
	$11X_1+1$	12	133	1464	16105	177156	1948717	21435888	235794769
	$12X_1+1$	12	145	1741	20893	250717	3008605	36103261	433239133

약수	12	6	4	3	2	1		

· 13으로 시작하는 수열

피보나치 수열		13	13	26	39	65	104	169	273
$X_2 =$	$2X_1$	13	26	52	104	208	416	832	1664
	$3X_1$	13	39	117	351	1053	3159	9477	28431
	$4X_1$	13	52	208	832	3328	13312	53248	212992
	$5X_1$	13	65	325	1625	8125	40625	203125	1015625
	$2X_1 + 1$	13	27	55	111	223	447	895	1791
	$2X_1 + 2$	13	28	58	118	238	478	958	1918
	$2X_1 + 3$	13	29	61	125	253	509	1021	2045
	$2X_1 + 4$	13	30	64	132	268	540	1084	2172
	$3X_1 + 1$	13	40	121	364	1093	3280	9841	29524
	$3X_1 + 2$	13	41	125	377	1133	3401	10205	30617
	$4X_1 + 1$	13	53	213	853	3413	13653	54613	218453
	$4X_1 + 2$	13	54	218	874	3498	13994	55978	223914
	$4X_1 + 3$	13	55	223	895	3583	14335	57343	229375
	$5X_1 + 1$	13	66	331	1656	8281	41406	207031	1035156
	$5X_1 + 2$	13	67	337	1687	8437	42187	210937	1054687
	$5X_1 + 3$	13	68	343	1718	8593	42968	214843	1074218
	$5X_1 + 4$	13	69	349	1749	8749	43749	218749	1093749
	$6X_1 + 1$	13	79	475	2851	17107	102643	615859	3695155
	$6X_1 + 2$	13	80	482	2894	17366	104198	625190	3751142
	$7X_1 + 1$	13	92	645	4516	31613	221292	1549045	10843316
	$7X_1 + 2$	13	93	653	4573	32013	224093	1568653	10980573
	$8X_1 + 1$	13	105	841	6729	53833	430665	3445321	27562569
	$9X_1 + 1$	13	118	1063	9568	86113	775018	6975163	62776468
	$10X_1 + 1$	13	131	1311	13111	131111	1311111	13111111	131111111
	$11X_1 + 1$	13	144	1585	17436	191797	2109768	23207449	255281940
	$12X_1 + 1$	13	157	1885	22621	271453	3257437	39089245	469070941

약수		13	1						

· 14의 약수

약수	14	7	2	1				

· 15의 약수

약수	15	5	3	1				

· 20의 약수

약수	20	10	5	4	2	1		

· 24의 약수

약수	24	12	8	6	4	3	2	1

· 32의 약수

약수	32	16	8	4	2	1		

· 96의 약수

약수	96	48	32	24	16	12	8	6
	4	3	2	1				

· 288의 약수

약수	288	144	96	72	48	36	32	24
	18	16	12	9	8	6	4	3
	2	1						

※ 위의 자료를 직접 만들어 볼 수 있는 수열 제조기 엑셀 파일을 *injeok.com* 에서 제공하고 있습니다.

· 알파벳 암호 전환

1	2	3	4	5
A	B	C	D	E
6	7	8	9	10
F	G	H	I	J
11	12	13	14	15
K	L	M	N	O
16	17	18	19	20
P	Q	R	S	T
21	22	23	24	25
U	V	W	X	Y
26				
Z				

· 한글 자음 암호 전환

1	2	3	4	5
ㄱ	ㄴ	ㄷ	ㄹ	ㅁ
6	7	8	9	10
ㅂ	ㅅ	ㅇ	ㅈ	ㅊ
11	12	13	14	
ㅋ	ㅌ	ㅍ	ㅎ	

· 한글 모음 암호 전환

1	2	3	4	5
ㅏ	ㅑ	ㅓ	ㅕ	ㅗ
6	7	8	9	10
ㅛ	ㅜ	ㅠ	ㅡ	ㅣ

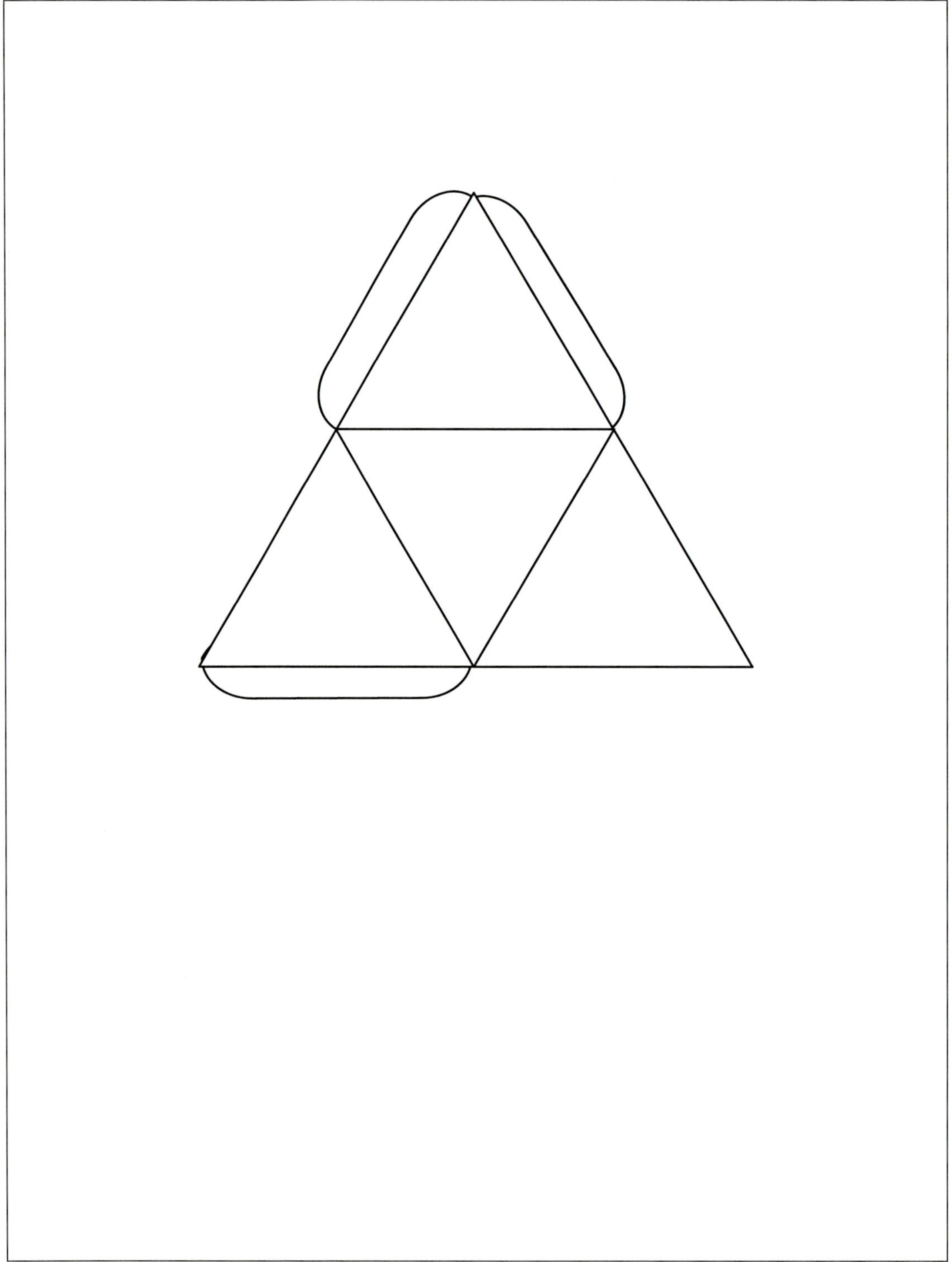

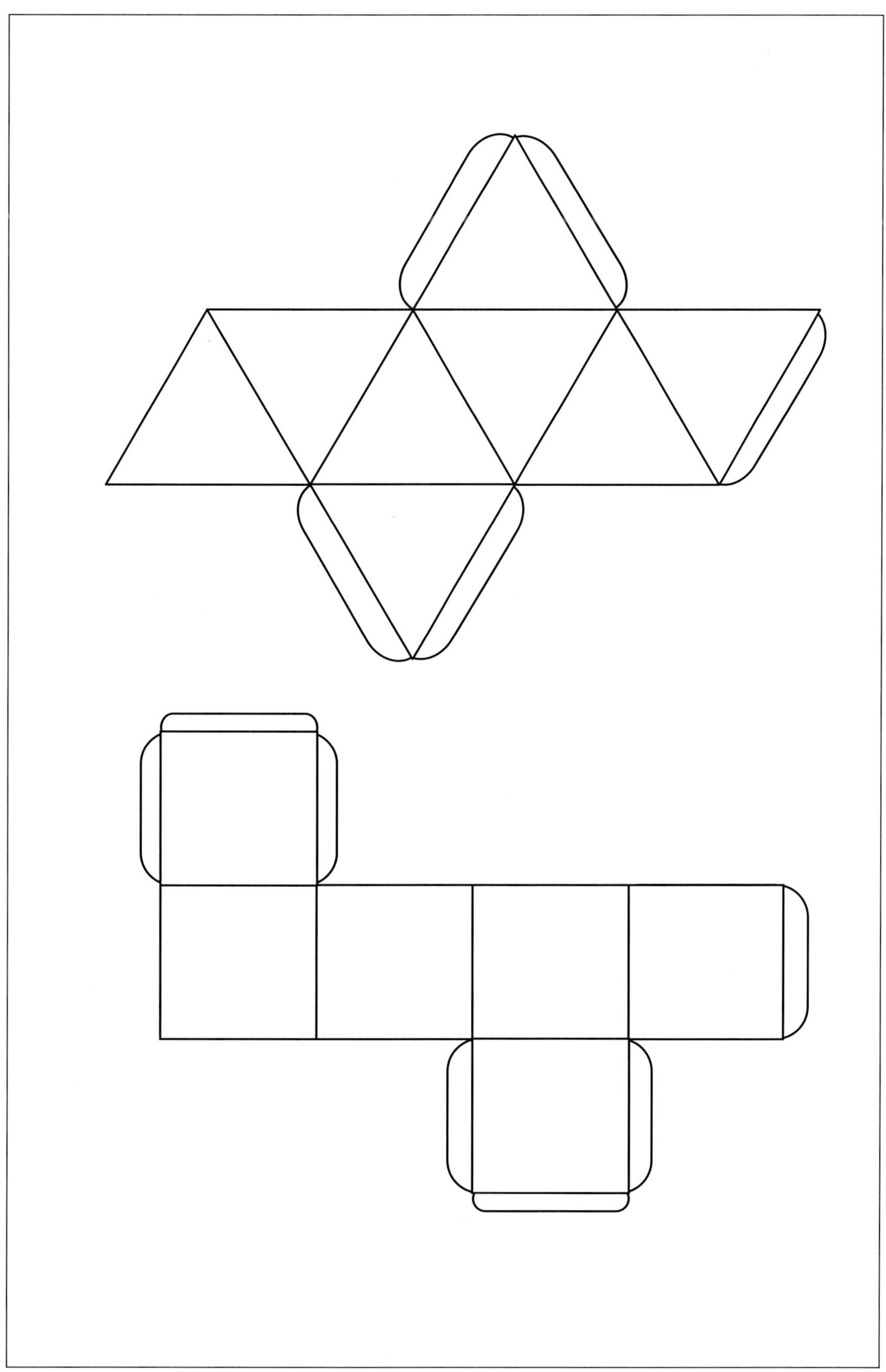

정답

정답

유형 1	1	2	3	4	5	6	7	8	9
	③	①	④	②	④	④	⑤	①	①

유형 2	1	2	3	4	5	6	7	8	9
	③	④	③	②	②	④	⑤	①	②
	10	11	12	13					
	⑤	④	②	①					

유형 3	1	2	3	4	5	6	7	8	9
	⑤	①	④	③	⑤	②	①	②	①

유형 4	1	2	3	4	5	6	7
	②	③	④	③	④	③	②

유형 5	1	2	3	4	5	6	7	8	9
	①	③	④	③	②	①	③	⑤	④

유형 6	1	2	3	4	5	6	7	8	9
	③	④	③	①	①	①	④	④	②

유형 7	1	2	3	4	5	6	7	8	9
	④	③	②	⑤	⑤	②	⑤	①	③
	10	11	12	13	14				
	②	①	⑤	⑤	③				

유형 8	1	2	3	4	5	6	7	8	9
	②	⑤	③	②	①	③	③	①	②
	10	11	12	13	14	15			
	①	①	④	④	②	③			

유형 9	1	2	3	4	5	6	7
	①	③	②	④	③	④	①

유형 10	1	2	3	4	5	6	7
	주관식	주관식	③	①	주관식	⑤	①

유형 11	1	2	3	4	5	6	7		
	주관식	②	①	①	③	③	③		

유형 12	1	2	3	4	5	6	7	8	9
	②	④	①	①	④	⑤	①	①	③
	10	11	12						
	⑤	④	⑤						

유형 13	1	2	3	4	5	6	7	8	9
	①	②	②	⑤	②	③	②	③	④
	10	11	12						
	③	①	⑤						

유형 14	1	2	3	4	5	6	7	8	9
	④	③	④	④	④	②	⑤	③	③

유형 15	1	2	3	4	5	6
	③	③	④	③	②	⑤

유형 16	1	2	3	4	5	6	7	8
	①	③	②	⑤	③	④	②	②

유형 17	1	2	3	4	5
	④	①	⑤	②	④

유형 18	1	2	3	4	5	6	7
	③	③	②	③	⑤	③	⑤

유형 19	1	2
	답 없음	답 없음

유형 20	1
	답 없음

※ 문제에 대한 해설은 인적닷컴 *injeok.com* 에서 강의로 제공됩니다.